国家出版基金项目
NATIONAL PUBLICATION FOUNDATION

中国人口老龄化研究系列丛书（第一辑）

低生育率下我国生育支持政策研究

The Study on China's Pro-natalist Policies under Low Fertility

茅倬彦 祁 静 / 著

图书在版编目（CIP）数据

低生育率下我国生育支持政策研究 / 茅倬彦，祁静著．— 北京：中国人口出版社，2023.11
（中国人口老龄化研究系列丛书．第一辑）
国家出版基金项目
ISBN 978-7-5101-8104-7

Ⅰ．①低…　Ⅱ．①茅…　②祁…　Ⅲ．①人口政策－研究－中国　Ⅳ．① C924.21

中国版本图书馆 CIP 数据核字 (2021) 第 231591 号

中国人口老龄化研究系列丛书（第一辑）

低生育率下我国生育支持政策研究

ZHONGGUO RENKOU LAOLINGHUA YANJIU XILIE CONGSHU (DI-YIJI)

DI SHENGYULÜ XIA WOGUO SHENGYU ZHICHI ZHENGCE YANJIU

茅倬彦　祁　静　著

责任编辑　杨秋奎
美术编辑　刘海刚
责任印制　林　鑫　任伟英
出版发行　中国人口出版社
印　　刷　北京柏力行彩印有限公司
开　　本　710 毫米 ×1000 毫米　1/16
印　　张　7.75
字　　数　110 千字
版　　次　2023 年 11 月第 1 版
印　　次　2023 年 11 月第 1 次印刷
书　　号　ISBN 978-7-5101-8104-7
定　　价　56.00 元

电子信箱　rkcbs@126.com
总编室电话　（010）83519392
发行部电话　（010）83510481
传　　真　（010）83538190
地　　址　北京市西城区广安门南街 80 号中加大厦
邮政编码　100054

前　　言

《中共中央 国务院关于优化生育政策促进人口长期均衡发展的决定》（以下简称《决定》）提出“实施一对夫妻可以生育三个子女政策，……配套实施积极生育支持措施”。《决定》释放的信号，并不是从两孩到三孩的数量的简单调整，更重要的是党中央全面部署配套支持政策，彰显了应对低生育率风险以及实施积极应对人口老龄化战略的决心。

20世纪90年代初以后，我国总和生育率开始低于更替水平2.1。虽然我国生育政策进行了一系列的密集调整，放松了生育数量的约束，但是2017—2021年我国出生人口数量连年下降，生育率甚至低于国际上认为的极低生育水平。经济社会因素对生育水平的影响已经超过了生育政策。如果没有支持性政策而仅靠生育政策的调整，那么生育水平面临继续下行的风险。

生育支持政策不仅关乎每个家庭的福祉与选择，而且还会影响国家人口发展趋势。积极构建生育支持政策体系，是推动实现适度生育水平、促进人口长期均衡发展的重要战略部署，是优化生育政策的重要内容，是我国人口政策的自我完善和发展。

本书是笔者在长期参与生育政策咨政的过程中开展的一系列探索性研究成果的汇总，主要包括国际生育支持政策的梳理与总结和我国生育支持政策的现状与构建探索两个方面。

欧洲是现代家庭福利政策起源地，也是世界低生育率最早开始和蔓延的地区。对于已经进入低生育率社会和实施生育支持政策的国家来说，究竟哪些政策有助于提升个人及家庭的生育意愿，哪些政策能提升生育水平，在评估他国生育支持政策且借为己用时，其社会情境是不可忽略的重要因素。在构建生育支持政策体系的初期，学习“他山之石”是一条比较好的途径。但是学习不是“生搬硬套”，而是“中国化”的过程。我国应该如何借鉴其他国家生育支持政策制定的经验呢？基于我国国情和区域发展差异，我国政府又该如何因地制宜地制定政策才能最大限度发挥政策对生育率的促进效果呢？这些问题是学者和政策制定者最为关注的问题，也是本书第三章要回答的问题。本书通过梳理欧洲国家针对生育率下降时采取的生育政策现状、不同政策的特点以及该支持政策在代表国家的应用状况，为我国完善与优化生育支持政策提供参考依据。

作为生育主体，女性个人感受对生育决策有直接影响。从女性的生命历程视角来看生育支持政策，可以更为直观地观察到影响育龄女性在“生”与“育”过程中的关键因素，发现生育支持政策最为薄弱的环节，即为生育支持政策亟须着力完善之处。除从理论视角分析生育支持政策外，还需要进行实证研究，探究生育低迷背后的影响因素。“生不起”“养不起”是影响育龄人群生育意愿的最主要原因，反映了不断攀升的昂贵生育成本。当前，父母对子女的养育成本不仅体现在日常生活的开销上，更体现在对子女未来发展的投资上。父母需要付出的不仅仅是金钱成本，更在于陪伴的时间和自身发展的机会成本。

本书的第四章至第六章以当前生育率最为低迷的典型地区——北京市和东北三省为研究对象，试图通过定量和定性相结合的方式，探究生育支持的需求和地方的实践经验。北京市是我国首都，也是我国生育率最早下降到更替水平以下的大城市之一。第四章使用调查数据分析北京市家庭的养育成本、生育意愿及影响因素，从养育成本角度探讨生育支持政策的构建。东北三省面临低生育率、老龄化、人口外流等多重困境，并率先迎来了人口负增长。东北三省亟须从生育支持政策上找到破解之法，缓解低迷的生育形势。本书基于实地调查，从医院、用人单位和育龄人群三方视角了解东北三省育龄人群的生育意愿、生育需求以及获得的生育支持现状。从访谈中了解了他们对生育真实的感受与看法，感受到他们对生育支持政策的需求与期待。

前言

国家卫生健康委将2021年世界人口日中国主题确定为“生有所护，幼有所育”。促进3岁以下婴幼儿照护服务发展、缓解家庭育儿焦虑、促进人口长期均衡发展均是生育支持政策的题中之义。生育支持政策并不是一个单独的政策，而是一系列政策的组合，需要多部门协作实施。目前，各地都在积极探索生育支持政策，为构建生育友好型社会而努力。本书通过国际经验总结和中国先行地区的经验探索，提炼出低生育率下中国生育支持政策的着力点。笔者认为生育支持政策的主旨在于提倡建立生育友好的价值理念，推动家庭性别平等，促进女性家庭和工作平衡，强化公共服务供给，通过生育支持政策帮助育龄人群提升生育意愿，增强人们的幸福感、获得感。

生育支持政策的构建并非一蹴而就，必将是不断完善和调整的过程。希望本书能在完善生育支持政策的道路上贡献一份学术力量。

著　者

2022年8月

目 录

第一章 绪 论

第一节 研究意义

一、不断走低的生育率

“十四五”时期是我国乘势而上开启全面建设社会主义现代化国家新征程、向第二个百年奋斗目标进军的第一个五年，标志着我国经济社会进入新发展阶段。同时，我国人口发展形势面临深刻复杂变化，突出表现在两个方面：一方面，总人口进入长期负增长。这是过去30多年长期累积的人口负增长势能释放的必然结果。我国历史上出现过因战争和灾荒造成大量死亡引起人口锐减的情况。在和平时期由“出生太少”形成的人口负增长则是前所未有的。另一方面，快速少子老龄化。过去短短40年，我国的少儿人口占总人口的比例从1982年的33.7%下降到2020年的17.9%；老年人口占比从1982年的7.2%上升到2020年的18.7%[①]。2020年已出现了“老年人口超过少儿人口”的历史性转折，预计2035年前后将进入重度少子老龄化阶段（少儿占比低于12%，老年占比超过30%）。到21世纪中叶，我国一半以上的人口将在50岁以上[②]。生育水平持续走低加剧了人口发展不稳定性、不确定性，2021年总和生育率仅为1.15，明显低于发达国家1.4～1.8

① 笔者根据第三次和第七次全国人口普查数据计算。

② 笔者根据第七次全国人口普查数据预测。

的平均水平。总之，人口负增长下的少子老龄化将替代过往的人口总量过多问题，成为我国人口发展需要面对的首要矛盾问题。

2021年，党中央发布了《中共中央 国务院关于优化生育政策促进人口长期均衡发展的决定》(以下简称《决定》)，这是我国对生育政策进行的第三次调整完善。《决定》彰显了党中央全面部署生育配套支持政策、应对新时代人口变化的战略决策。

二、不断攀升的生育成本

改革开放以来，家庭负担了大量生育的经济与社会成本。近年相关调查研究一致显示，随着生育政策调整的效应基本释放完毕，经济社会因素对生育水平的影响已经超过了生育政策（庄亚儿，2014；郑真真，2015；靳永爱等，2018）。

受中国传统生育文化影响，我国家庭的生育行为并非从备孕到怀孕再到生产的阶段性事件，而是包括从生产、养育直到孩子独立生活的整个过程，是繁殖后代、延续人类的社会行为（杨菊华，2019）。家庭对孩子生育养育质量的重视决定了生育不再是女性个体或家庭的短暂行为。如果按照子女成年可以独立生活来粗略估计，这个时间短则到孩子高中毕业（至少18年），长则至少到孩子大学毕业（至少22年）。近年来，经济负担重、照料压力大、影响女性职业发展是不敢生孩子的三大主要因素。有调查显示，育儿成本已经约占我国家庭平均收入的50%，教育支出是最主要的负担（史爱军等，2021）。托育服务短缺也是影响生育的重要因素之一，0～3岁婴幼儿在我国各类托育机构的入托率不足5%，远低于一些发达国家50%的比例。我国80%的婴幼儿都是由老人参与看护（贺丹等，2021）。在儒家父权制文化影响下，家庭内部仍延续着传统的性别分担模式，生育行为不仅占用了女性的时间与精力，而且牺牲其收入、事业以及自我价值的实现。女性生育最佳年龄段也是职业发展黄金期，生育成为女性发展和家庭两方压力重合的连接事件（李志华等，2022）。对于家庭和个人来说，生育都是一项深思熟虑的理性事件，家庭成员在面临生育抉择时将综合考虑各种育儿成本和压力，经济基础和时间都是养育孩子的必要条件（马春华，2018）。

生育是父母耗费大量经济、时间和机会成本的阶段，而中国已经进入了以成本约束驱动为主导的低生育率阶段。如何帮助家庭降低生育成本，推动家庭实现生育意愿，都是亟待解决的问题。

三、不断完善的生育支持政策

生育支持政策通常可分为三类：经济支持政策、时间支持政策和服务支持政策。经济支持政策主要包括照顾津贴、儿童津贴、家庭津贴、支持家庭照顾的税收减免等政策；时间支持政策包括产假与陪产假、有薪或无薪的亲子假、缩短工作时间、弹性工作等相关政策；服务支持政策主要包含居家帮助、社区托育、公立托育机构、课后照顾等政策。

发达国家较早进入低生育率社会，其家庭政策在漫长的发展过程中已经从福利型转向支持生育，到20世纪90年代末基本形成了相应的政策支持体系，试图通过多层次、系统性的政策手段来保障家庭的功能，对生育水平的回升起到干预作用（茅倬彦等，2018）。部分研究通过梳理发达国家的生育支持政策经验，试图为我国构建生育配套的经济社会政策提供借鉴（王晖，2019）。任何公共政策的出台都将付出一定的财政和行政成本。有研究认为，发达国家实行奖励生育的政策经验表明，育儿经济补贴政策的实施增加了财政负担，但对生育率回升作用有限（张广宇等，2018）。尽管欧洲各国有欧盟统一的政策目标，但由于各国经济社会背景迥异，各国依据具体国情制定生育支持政策，其政策效果也存在较大差异。因此，在分析某国生育率变化的同时，应当考虑其所在国家生育支持政策与其社会情境之间的关系。

我国社会福利政策并未以生育支持为核心进行设计，随着生育政策的逐步放宽，这一政策取向导致越响应国家政策号召的家庭越要承担更多的育儿压力。例如，多生一个孩子，就要花费更多精力和财力去解决日常照料、入托、入园、医疗、教育等各种问题。生育孩子越多，家庭中母亲面临的劳动力市场“母职惩罚”越严重。2001年，布迪格和英格兰正式提出母职工资惩罚（motherhood wage penalty）的说法并建构了系统的理论体系（庄渝霞，2020）。“母职惩罚”是指生育后女性会将更多时间和精力投入到孩子照料中，使其就业机会更低、职场中断概率更高、薪酬更低（杨凡等，2022）。年轻父母往往难堪重负，需要寻求父辈帮助来完成“育儿大业”。全社会对出台生育支持政策的呼声逐渐升高。

《决定》是保障改善民生的综合性政策包，针对群众关心的产假、住房、教育等急难愁盼问题，出台了涵盖婚姻、生育、养育和教育一揽子支持措施，标志着我国生育支持政策体系构建开始起步。

从各地政府陆续出台的《关于优化生育政策促进人口长期均衡发展的实施方案》可以观察到，各地根据《决定》的总体部署开始探索多元化、多样性生育支持政策，亮点频出。例如，浙江省湖州市完善生育保险制度，一方面，扩大生育保险覆盖面和缩减等待期，灵活就业人员可以同步参加生育保险，享受生育医疗费用和津贴保障，享受生育津贴的等待期由在本地连续缴费满12个月缩短为6个月；另一方面，将分娩镇痛、早孕期胎儿结构超声筛查等诊疗项目纳入基本医疗保险支付范围。江苏省南京市加强住房支持政策。自2022年5月11日起，生育两个孩子及以上的南京市户籍居民家庭，可新增一套商品住房限购指标，同时可享受相关银行最优惠贷款利率等支持。云南省推出育儿补贴政策，2023年1月1日至2025年12月31日对新出生并将户口登记在云南的两孩、三孩分别发放2000元、5000元的一次性生育补贴，并按年度发放800元育儿补助。我国生育支持政策还在初期阶段，基础较为薄弱，覆盖范围和支持力度不足，各类政策是否可以有效激发群众的生育意愿、提高生育水平，还需要对其进行科学评估。

“北上广”和东北三省是全国最早进入低生育率的地区，但这两类地区在经济发展情况和人口流动状况上都存在较大的差异。因此，探讨这些地区生育意愿的影响因素，以及生育支持政策的有效性，对全国其他地区均有重要启示作用。生育是胎次递进行为，生育一孩家庭的生育养育经历会对其两孩的生育意愿产生重要影响，从而决定是否生育两孩；只有生育了两孩的家庭才可能生育三孩。

第二节 本书架构

第一章为绪论。本章主要阐明了研究背景和意义，对本书架构进行了简要介绍。

第二章为生育支持政策的国际经验及启示。低生育率是发达国家人口面临的共同问题，家庭福利政策逐渐转向了生育支持政策，本章从顶层制度保障、文化氛围营造、家庭成本分担三个角度探讨发达国家生育支持政策方案，为我国生育支持政策的构建与完善提供了参考经验。

第三章为欧洲生育支持政策效果实证检验。在对欧洲生育支持政策效果的理论评估基础上，为了进一步检验效果的稳健性，本章选取29个欧洲主要国家为研究对象，通过构建欧洲社会情境和现行生育支持政策的评估分析框架，基于模糊集和组态比较方法，实证研究欧洲各国社会情境和生育支持政策如何组合对2000年以来生育水平的变动产生影响，探究欧洲国家生育支持政策效果背后的复杂机理，拓展对该问题的解释维度，从而为我国构建生育支持配套政策体系、优化生育政策提供更为现实的借鉴经验。

第四章为家庭儿童养育成本与生育意愿研究：以北京市为例。本章基于笔者课题组开展的“北京市家庭养育成本及生育意愿调查”数据，以经济发展较快、生活成本较高的北京市为研究对象，探究家庭基本情况及各阶段孩子的养育成本；基于该调查数据从经济成本、时间成本和工作成本三个方面分析生育成本的影响因素，剖析我国产生生育困境的具体原因。

第五章为东北三省的生育支持政策。本章以生育率仍处于全国较低水平的东北三省为研究对象，首先对东北三省的生育支持政策进行梳理，其次通过实地调研了解育龄人群的基本特征和生育压力，最后通过深入访谈总结育龄群众对生育支持政策的需求，分析目前存在的不足，为我国生育支持政策的完善提供了科学依据。

第六章为我国生育支持政策现状分析。本章基于女性生命历程“生”“养”过程的主要事件，梳理孕前准备期与孕期、哺乳期、儿童学前期和儿童教育期等方面的支持政策，找出未来生育支持政策发展的重点突破方向，提出贯穿生命历程的生育支持政策措施，以缓解当前育龄人群的生育焦虑与担忧，提升生育意愿。

本书的创新和突出特色如下。一是利用笔者设计的“北京市家庭养育成本及生育意愿调查”数据，将家庭养育成本进行了细致量化，分析了家庭养育成本的分担模式。二是对东北三省生育意愿开展调研，了解育龄群众的生育需求、压力来源和生育支持等情况。三是根据生命历程的理论，将女性的生命历程大致划分为孕前准备及孕期、哺乳期、儿童学前期和教育期四个阶段，对我国现行生育支持政策进行梳理，提出生育支持政策发展的方向，为国家层面建立更为系统、更有针对性的生育支持政策提供政策建议。

第二章　生育支持政策的国际经验及启示

党的二十大明确提出“建立生育支持政策体系、降低生育、养育、教育成本”，实现了生育政策的战略性转折。当前生育支持政策体系构建尚在起步阶段，如何建立生育支持政策体系成为亟待研究解决的重大现实命题。

低生育率已成为当前发达国家普遍面临的人口挑战。迄今为止，50多个国家提出生育支持政策，试图提高生育率，主要集中在欧洲、北美洲和亚洲地区的发达国家（United Nations，2021）。发达国家的生育支持政策源自家庭福利政策，伴随20世纪70年代的生育率下降逐渐进入政府视野。到20世纪90年代末，各国将家庭政策核心内容逐渐转向支持或鼓励生育，形成较为稳定的政策体系（Ralph，2014），对2000年以来的生育率回升产生了不同程度的效果（吴帆，2016）。一个国家的政策措施对生育水平的作用路径并非线性，政策模式与社会福利制度和传统文化密切相关，政策效果又受到该国经济发展、传统文化等社会情境影响（Nishimura，2020）。借鉴典型国家的经典做法，吸取并反思其中的教训，对我国谋划建立生育支持政策体系、提振生育水平极具参考价值。

第一节　生育支持政策体系的国别实践探索

分析发达国家政策、做法、现状，探寻适合本国国情的生育支持政策体系的国别方案，可以发现，多数国家的实践经验是基于“顶层制度保障—文化氛围营造—生育成本分担”的框架进行构建。本研究试图归纳它们在制度建设和规范基础方面的共同特征。

一、强化顶层设计，健全支持保障制度

（一）将应对低生育率上升为国家战略

2005年，欧盟发布了《面对人口挑战绿皮书》，将低生育率作为政府面临的首要挑战。1990年以后，日本视少子化为“国难”，将解决生育率下降和老龄化问题作为国家核心任务，着手研究建设支持兼顾工作和育儿等对生育友好的社会环境（Yang et al.，2017）。2016年，日本提出要在2025年实现生育率1.8的目标，以及“半个世纪后也要保持 1亿人口”的长期目标。新加坡2013年发布《人口白皮书》，将提高生育率作为国家的重要政策目标（王红漫等，2021）。

（二）设立高层次的议事协调机构

俄罗斯成立总统人口政策委员会，日本设立以内阁总理大臣为会长的“少子化社会对策会议”特别机构，韩国成立“低生育率及老龄化问题社会委员会”（于连平等，2010），负责制定促进人口发展的总体规划和制度，定期研究人口相关问题，出台相应的支持政策。法国也非常重视家庭政策的制定与实施，主要负责家庭政策的部门是家庭事务司，主要职能包括制定各种支持生育的政策，推动发展托育事业满足家庭需要，推行家庭生育补贴和住房补贴政策等。

（三）建立完善法律法规体系

围绕提升生育率，欧盟从发展框架层面引导成员国的政策取向，提出具有法律约束力的议程和措施，要求成员国必须执行或融入国家法律。2006年12月，俄罗斯出台了《关于国家支持有孩子家庭的补充措施》（又称《母亲基金法》），规定从2007年起开始为养育（含领养）第2个子女或2个以上子女的家庭提供名为“母亲基金”的额外物质补贴，以扭转俄罗

斯家庭生育子女数量日益下降的趋势（冯慧迪，2022；王伟，2019）。日本2003年颁布《少子化社会对策基本法》，是日本应对少子化问题的基本法律，并于2004年、2010年、2015年和2020年，四次制定实施大纲，不断修改明确少子化对策的重点问题和主要措施（杨菊华等，2017）。

（四）不断加大财政投入力度

发达国家在家庭方面公共投入主要包括三个方面，儿童津贴、育儿假津贴等现金福利，托育和住房保障等公共服务，以及为有子女家庭提供免税、信贷和津贴等税收优惠补贴。2000年以来，OECD国家对家庭的公共投入在国内生产总值的比例不断提升，从2000年的1.81%上升到2017年的2.11%。从2000年开始，法国、丹麦在家庭政策方面的投入占其GDP的比例一直保持在3.5%左右；日本1990年相关投入占GDP的比例仅为0.35%，2017以来提高并稳定在1.6%左右。

二、文化引领，营造生育友好氛围

（一）重视家庭关系

日本把11月的第三个星期日定为“家庭日”，增进人们对家庭重要性的理解。韩国2007年出台《家庭友好社会环境建设促进法》，要求相关机构和组织相互合作，共同营造家庭友好型环境，并将“夫妻节”作为国家法定纪念日，开展“熄灯日”“家庭友爱日”等活动（陈佳鞠等，2022）。丹麦传播“再家庭化”的社会风尚，政策规定每个员工每年依法享有5周的带薪休假，鼓励丹麦人从忙碌的工作中抽身，回归家庭（陈佳鞠等，2022）。

（二）打造生育友好社区和工作环境

挪威、丹麦等北欧国家长期致力于完善生育支持政策体系，民众对托育、学校、医院等公共服务机构有较高信任度，且普遍认为相关服务政策对支持儿童养育能够发挥很大作用，降低了年轻人成为父母的心理门槛（Busardò et al.，2014）。瑞典企业雇主对雇员的家庭义务有较高的认识，建立弹性工作制度，且经常允许雇员在家工作，公司会议也不会安排在清晨或下午下班前。2017年日本推动建立社区“育儿家庭综合支援中心”，提供从妊娠、分娩到育儿的全方位无缝对接的一体化服务，截至2019年57%的市区町村建立了该中心。通过纠正过长工作时间以及鼓励管理人员和企业经营者改变观念等方式，加强企业生育优化环境建设（张伯玉，2022）。

（三）提高婚育文化的包容度

顺应婚育年龄推迟、行为多样化的现实趋势，通过立法保障单身女性可以借助辅助生殖技术实现生育需求。在2014年28个欧盟国家，有11个国家立法允许单身女性借助辅助生殖技术（张璐等，2016），英国、美国、日本和以色列都允许法定婚育年龄的单身女性冷冻卵子（陈佳鞠等，2022）。瑞典的法律明文规定，同居或单身妇女都可以借助人工授精生育后代，所生子女受到法律的认可和保护。芬兰推出养父母育儿假、非公民育儿假、单身母亲同工同酬育儿假等一系列休假政策，照顾到不同类型家庭特殊的儿童养育需求（Martín，2010）。

三、聚焦家庭，减轻生养成本

发达国家政策措施聚焦家庭的政策工具包综合全面，大致可以分成经济支持、时间支持和服务支持三类，以适应不同家庭的多样性需求，旨在减轻家庭生育养育负担，帮助平衡家庭与工作的冲突。

（一）经济支持

经济支持主要通过育儿补贴、税收减免、住房福利等手段来减轻家庭生活压力，提升婚育意愿。

1. 育儿补贴和税收减免

育儿补贴标准是根据孩子年龄和数量确定范围和额度。2021年，俄罗斯“母亲基金计划”规定生二胎及以上的母亲有权获得45万卢布（约合人民币4万元），针对每个家庭第一个孩子发放48. 4万卢布（约合人民币4.2

万元），针对第二个及之后的孩子发放63.9万卢布（约合人民币5.6万元）。瑞典的儿童津贴具有普惠性质，2017年规定，自孩子出生月份起至孩子满16岁，政府每月支付给家庭1050克朗（约合人民币690元）补贴；随着孩子数量相应增加，从2018年3月1日起，政府将每月增加200克朗（约合人民币131元）（宋健等，2022）。法国的税收减免额度可随着家庭规模的增加而减少，以此来保障子女的基本生活需求和教育支出。

2. 住房福利

瑞典的住房津贴针对孩子数量在1个以上并且家庭年收入不超过10000克朗的所有家庭，租住设备齐全的两房一厨公寓的父母能够得到最低标准为一年500克朗的补贴，每额外养育一个孩子增加150克朗的住房补贴（房莉杰，2021）。2016年，日本对新婚夫妇购房或租金、搬家费用等提供支持，适用对象是结婚年龄均在34岁以下的夫妻，且夫妻双方年收入合计未满340万日元（约合人民币17.9万元）的新婚家庭，每个新婚家庭补贴上限是30万日元（约合人民币1.58万元）；2019年，将补贴最高年龄从35岁放宽到39岁，29岁以下的新婚家庭补贴额度提高到60万日元（约合人民币3.16万元）等。截至2020年11月，实施新婚家庭生活补贴计划的已经有289个市区町村。日本鼓励三代同堂或邻近居住，加强代际互助、完善育儿环境，对三代同堂居住的新建房屋及房屋改造给予补贴和税制方面的优惠（王伟，2019）。

（二）时间支持

发达国家通过完善生育休假制度，减少父母工作和家庭的时间冲突。生育休假制度主要包括产假、陪产假、育儿假和家庭照料假等。2000年以来，在确保产假期限满足母亲心理和生理恢复以及哺乳需求基础上，发达国家生育支持假期政策呈现以下趋势。

一是完善假期成本分担机制。《国际劳工组织建议书》对生育假期作出了明确规定，推动多数国家在20世纪50年代对产假进行立法。时间大多为14～20周，旨在保障母亲产后恢复身体，大部分是带薪休假，工资替代水平是休假前的70%～100%（OECD，2019a）。《国际劳工组织公约》提出应由强制性社会保险、公共资金等与雇主共同承担生育津贴。德国妇女产假为14周，由雇主和公共保险共同承担假期津贴，产后8周的津贴相当于工资的100%，第9周开始为每月750马克。父母育儿假津贴由国家财政支付，标准为工资收入的67%（OECD，2019a）。

二是设置更为灵活的育儿假。育儿假时间设置得比产假更长，旨在推动在职父母共担育儿责任，减少女性就业歧视。欧盟在1999年就要求所有雇员不分性别，都有权利获得至少3个月的不带薪育儿假。相比产假，各国的育儿假更为灵活，可以分几次休，也可以按天或者按小时休，工资替代率也会根据休假时间调整。

三是鼓励父亲参与儿童照料。北欧国家在20世纪90年代率先采取“非用即失”的配额制，强制父亲休假，改变传统性别分工。2020年，瑞典父亲们的休假天数可达到夫妻总休假天数的30%。德国规定，如果父母双方分别休满两个月的带薪育儿假，则双方的育儿假可以延长至14个月。

（三）服务支持

完善公共服务体系是近年来各国生育支持政策的主要发力点。

1. 发展托育服务

各国将儿童抚养视为一种国家责任，大力发展公办托育机构，提供质优价廉的服务（申小菊等，2018）。OECD国家对托育服务财政投入占GDP总量为0.95%，平均入托率高达25%～67%。在OECD国家，如果双职工家庭拥有两个年龄分别为2岁和3岁的孩子，两个孩子全日制托育费用只占家庭平均收入的12.9%，瑞典、奥地利更分别低至3.9%和2.6%（OECD，2019b）。研究表明，西欧国家的婴幼儿托育补贴每增加10%，终身生育率将增加0.4%（陈佳鞠等，2022）。

2. 降低生育相关医疗费用

丹麦、瑞典等北欧国家母婴保障体系完善，医疗保险不仅涵盖孕产期检查、住院分娩等费用，还包括育儿咨询、上门指导以及产后康复等服务（贾志科等，2022）。美国有25%的健康保险计划涵盖不孕症治疗以降低患者治疗费用，15个州已经通过立法要求在私人保险计划中为不孕症治疗提供保险（Marianne，2012）。2004年，日本针对不孕症患者出台了特别治疗实施补贴计划，该计划对患者的年龄和年收入有具体限制；2021年，日本废除了收入限制，将一次治疗补贴提高到30万日元，补贴次数上限为6次。2020年，日本将不孕不育治疗服务纳入健康保险覆盖范围，这些补贴由国家财政与地方政府各负担一半（张伯玉，2022）。

第二节　对中国的现实启示

目前，我国已成为世界生育率最低的国家之一，形势极为严峻，应对低生育率刻不容缓。本研究试图从发达国家“顶层制度保障—文化氛围营造—生育成本分担”的逻辑框架，为推动我国生育支持政策体系构建提供建议。

一、顶层制度保障

（一）高位稳定推动

确定“应对人口负增长下的少子老龄化”为国家战略，成立“统筹解决少子老龄化委员会”为最高议事协调机构，负责制定促进人口长期均衡发展的总体规划，定期研究人口相关问题，负责协调建立完善生育支持政策体系，加快生育支持政策相关法律法规建设速度。

（二）建立持续的政府财政投入机制

政府的财政支持力度直接与政策效果相关，只有建立以政府为主导的持续投入保障机制，才能形成合理的生育成本分担机制，才能为应对低生育水平提供有力支撑和保障。虽然日本和韩国较早提出了应对低生育率的制度框架和具体政策安排，但其相关公共支出占国内生产总值（GDP）的比例却一直很低（OECD，2019b），缺乏真金白银的投入，导致既定政策实施难以到位。

二、文化氛围营造

高度关注我国青年婚育年龄推迟等观念的深刻变化，将政策干预的端口前移。例如，日本施策重点关注长期已婚家庭生育而忽视支持年轻人走进婚姻，被认为是政策效果不佳的主要原因之一。注重儒家传统婚育文化精华的挖掘和传承，肯定母亲的生育价值，宣传孕育生命的美好，家庭对人生的重要价值，适龄婚育的重要性，尤其要重视用人单位生育友好工作环境的营造，对提升生育意愿能起到“催化”作用。

三、生育成本分担

（一）提供高质量公共服务减轻家庭生育负担

后工业化的现代社会，是否具备可信赖的生育支持类公共服务成为女性生育决策依据之一（Andersen et al.，2015）。长期以来，我国儿童照料主要由家庭中的母亲和老人承担。随着生育政策对数量的放宽，家庭多生一个孩子，就要多花一倍力气去解决日常照料、入托、入园、医疗、教育等各种问题，这使得年轻父母对生育“望而却步”。家庭对生育养育质量的较高要求是社会进步的表现，强化我国托育、教育和医疗等公共服务机构的服务质量，才能提振年轻父母的生育信心。

（二）政策设计要格外重视两性之间的生育成本分担

促进职场和家庭中的男女生育成本分担，鼓励父亲参与照料，消除对女性在求职、任用、晋升等方面遇到的显性和隐性的歧视；缓解女性职业发展与家庭生育之间的冲突，推动释放生育潜能。

（三）综合施策，建立政府、用人单位和家庭的生育分担机制

婚育选择是多重因素综合作用的结果，单独的政策措施无法对生育率

提升起到决定性作用。生育支持政策要关注全方位全周期，注重政策的统一性和协调性，才能切实降低家庭生育养育的经济、时间和机会成本，推动政策实施取得积极效果。因此，发达国家在应对低生育率过程中，不只关注生育本身，而是围绕家庭打出了“保障政策组合拳”。

第三章　欧洲生育支持政策效果实证检验

第一节　问题的提出

2013年以来，我国生育政策不断调整完善，家庭生育决策存在更大的自由度，但政策调整后生育率还是不尽如人意，引起学界广泛争议（翟振武等，2014；乔晓春，2014；马小红等，2015；石人炳等，2018）。相关调查研究均显示，生育政策对家庭生育意愿的影响趋弱，而经济社会因素对其的制约力增强（庄亚儿等，2014；郑真真，2015；靳永爱等，2018）。我国已处于低生育率陷阱的高风险期（吴帆，2019），仅靠全面两孩政策显然不足以支持中国人口长期均衡发展的目标，亟待制定出台整体系统的配套支持性的制度安排（贺丹等，2018；杨菊华，2019）。党中央对此问题高度重视，党的十九大明确提出“促进生育政策和相关经济社会政策配套衔接”，党的十九届四中、五中全会进一步提出“优化生育政策”的战略部署。

实际上，低生育率已是当前国际社会普遍面临的人口问题。21世纪以来，大多数发达国家出台支持生育政策应对低生育率（United Nations，2013）。他山之石，可以攻玉。现行的国家生育支持政策是我国采取积极支持性政策安排的重要参考路径。因此，近年来不断有国内学者通过研究国际实践为我国相关政策构建提供借鉴。但是，任何公共政策都意味着政府要投入高额成本，借鉴发达国家相关政策经验切忌照搬照拿（United

Nations，2013）。发达国家的经济发展、性别平等、文化传统等社会情境迥异，各国生育支持政策的具体手段、侧重点和力度均存在差异，这些因素会对生育水平产生综合影响（张广宇等，2018）。在评估他国生育支持政策且借为己用时，其社会情境是不可忽略的重要因素。那么，我国应该如何借鉴其他国家生育支持政策制定的经验呢？回答这一重大现实问题亟待厘清以下两个思路：第一，发达国家不同社会情境是如何与生育支持政策构成整体性组合对生育水平产生积极影响的呢？第二，基于中国国情和区域发展差异，我国政府应该如何因地制宜制定政策才能最大限度发挥政策对生育率的促进效果呢？

目前国内相关研究可分为两类：一类研究通过选择个别发达国家作为典型案例，总结对中国政策设计启示。有些选择意大利、日本等某个低生育率代表性国家梳理该国政策体系，有些深挖澳大利亚生育津贴这类政策的历史过程和效果，总结经验教训得出启示；有些通过比较少数国家的人口形势，经济激励、托育服务、家庭工作平衡等方面具体政策干预，以及生育率变动三方面的差异，寻找不同国家政策的共性和规律进而分析对我国的启示意义（杨菊华等，2017）。这类研究在方法上均采用定性比较的方式，直接比较国家间差异，无法严格论证社会背景、政策措施和生育水平之间的因果逻辑关系，其政策效果及对我国启示作用容易受到质疑。另一类研究从不同政策模式尝试量化分析政策对生育率的综合影响。吴帆（2016）从欧洲17国的工作与家庭平衡、儿童发展、育儿家庭财政等政策力度视角，构建家庭政策指数对生育率的综合评价，但单纯通过散点图来观察政策和生育水平两者关系，因果关系的解释力不足；蒙克（2017）通过固定效应模型单独考察22个OECD国家的生育假期政策（带薪产假、带薪父母假和带薪父亲育儿假），发现在女性劳动参与率较高的国家，站在促进女性就业角度设计的生育假期政策比传统型政策对生育水平提升更为有效，但该研究只考虑了各国一定政治和经济背景下某一政策手段的效果，其结论对我国的启示显得模糊。

已有研究以定性研究居多，仅有的少数定量研究以传统统计方法为主，缺乏经济、文化、性别等社会条件与不同政策手段的综合考量，已有研究均没有回答不同的社会情境和不同的生育支持政策构成的整体性组合与生育水平变动之间的复杂因果关系，对我国根据本国国情构建生育支持政策的启示现实意义有限。欧洲是现代家庭福利政策起源地，也是世界低生育率最早开始和蔓延的地区（吴帆，2016；蒙克，2017）。20世纪90年代后期，欧洲整体降到1.42的很低生育水平[①]后，支持或鼓励生育成为欧洲家庭政策体系的核心内容，政策体系趋于稳定，并对近20年欧洲各国生育率回升产生了不同程度的效果（茅倬彦等，2016）。21世纪以来，欧洲各国生育率变动出现分化，东欧国家从2000年的1.3以下回升到2018年的1.5以上，捷克、罗马尼亚甚至升至1.7以上；北欧的丹麦、爱尔兰等稳定在1.7～1.8，瑞典从2000年的1.55上升到2018年的1.78，但同是北欧的挪威和芬兰却从1.7～1.8的水平跌至1.5左右（United Nations，2019）。

目前欧洲共有48个国家，本研究以29个欧洲主要国家为分析对象。这29个国家是来自欧盟的27个成员国[②]和挪威、瑞士两个非欧盟国家，这些国家覆盖了东欧、西欧、北欧、南欧主要国家，在欧洲生育支持政策和生育率模式方面都具有代表性。通过构建欧洲社会情境和现行生育支持政策的评估分析框架，利用国际学术界近年来兴起的超越定量和定性研究的新方法——组态比较方法（Configurational Comparative Methods，CCMs），基于模糊集实证研究构建整体性的研究思路来回答：欧洲各国社会情境和生育支持政策如何组合对2000年以来生育水平的变动产生影响。组态比较方法可以弥补回归分析、典型相关分析等传统统计技术所不能解决的因果复杂性问题，从整体性的视角来评估不同社会情境下欧洲各国的生育支持

① 国际研究一般把总和生育率低于2.1称为低生育率（low fertility），低于1.5称为很低生育率（very low fertility），低于1.3称为极低生育率（lowest-low fertility）。

② 欧盟27个成员国分别为奥地利、比利时、保加利亚、塞浦路斯、克罗地亚、捷克、丹麦、爱沙尼亚、芬兰、法国、德国、希腊、匈牙利、爱尔兰、意大利、拉脱维亚、立陶宛、卢森堡、马耳他、荷兰、波兰、葡萄牙、罗马尼亚、斯洛伐克、斯洛文尼亚、西班牙和瑞典。

政策的实施效果，探究欧洲国家生育支持政策效果背后的复杂机理，拓展对该问题的解释维度，从而为我国构建生育支持配套政策体系、优化生育政策提供更为现实的借鉴经验。

第二节　理论框架

20世纪90年代后期，欧洲生育支持政策形成较为完善的政策体系，有研究从以下三个方面进行了归纳：一是生育津贴，包括儿童家庭的父母提供经济补贴（如父母减免所得税、多孩家庭津贴），低收入、单亲家庭补贴，以及失业、单亲父母就业激励等；二是生育假期，包括儿童家庭的带薪产假、父母带薪育儿假等；三是儿童照料服务，包括3岁以前托育与3～6岁学前教育的公共投入情况，以及6岁以下儿童照料服务覆盖程度。这三类政策共同致力平衡父母的工作与家庭，对各国生育率的影响存在明显差异。

从生育津贴来看，自20世纪80年代起，欧洲国家的生育津贴相对稳定。低教育水平或较贫穷的女性更有可能享受生育津贴，这项政策促使此类家庭母亲更早生育第二个和第三个孩子。针对西欧的研究发现，经济补贴对终身生育率没有影响。从生育假期来看，过长产假容易造成女性在劳动力市场被边缘化。2000年以来，欧洲国家采取鼓励父亲休育儿假的政策，有效地促进家庭再生育，丹麦、德国、比利时等国家父亲休假比例超过30%（OECD,2019a）。共享育儿假的夫妇更可能生第二个孩子（Morgan et al.，2003）。有研究通过对比匈牙利和波兰政策，发现匈牙利更丰厚的带薪育儿假促使女性生育第二个孩子（Duvander et al.，2009），挪威带薪育儿假导致两孩生育率上升（Matysiak et al.，2014），但西欧产假和育儿假福利增加10%可以减少3.2%的无子女女性，但不会影响终身生育率。从儿童照料服务来看，欧盟国家提高3岁以下婴幼儿照料覆盖率，可以有效提升高等教育女性的生育孩子数，降低托育费用会对生育率产生积极影响（Baizán et al.，2016；Borck，2014）。西欧国家的托育补贴每增加10%，终身生育率将增加0.4%。

欧洲各国社会情境通过三条主要路径影响个人微观生育决策：一是经济发展水平。经典家庭经济学提出的数量质量替代理论发现，经济发展提高了家庭养育成本，家庭理想孩子数量减少，促使生育率下降（Becker et al.，1973）。从个体层面而言，女性受教育水平和劳动参与率提高，收入随之提高，当女性无法解决工作和家庭冲突时，倾向减少生育数量。失业率快速升高对40岁以下年轻人的生育决策冲击最为激烈，在2008年经济危机时表现尤为明显（Goldstein et al.，2013）。二是注重后代文化。19世纪个人主义兴起引起欧洲核心家庭崛起和对儿童重视（Stearns，2010），个人主义不仅影响了父母对孩子成长的期待，也对父母决定是否生育具有重大影响。欧洲父母主要考虑是否想拥有与孩子的亲密情感来作出生育决策，而东南欧部分国家繁衍后代的文化传统更为浓郁。三是性别平等程度。20世纪女性主义兴起在生育率降低的过程中起到了重要作用。受教育水平提高带来的女性更高的生育机会成本，导致女性推迟生育年龄，减少生育数量（McCrary et al.，2011；Chesnais，1998）。家庭性别角色固化地区的生育率极低。有研究指出，经济发展较好与性别平等文化的条件组合有利于生育率的提高（McCrary et al.，2011）。由此可见，欧洲各国不同的社会情境条件也不同程度影响着生育率变化。

综上所述，近20年来欧洲各国生育率的差异性变动与本国不同的生育支持政策和特定的社会情境条件存在密切关系。评估生育支持政策实施效果时，必须考虑欧洲各国的不同社会情境条件才具有更好的解释作用。因此，本研究的政策评估理论框架（见图3-1）将上述的经济发展水平、注重后代文化和性别平等程度三类社会情境条件和生育津贴、生育假期和儿童照料服务三类生育支持政策均纳入考虑，侧重分析三类生育支持政策与三种社会情境条件如何组合，整体上会对生育率产生有效作用。

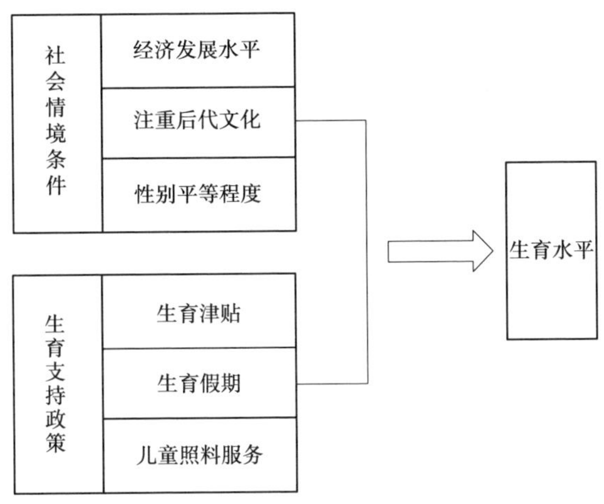

图3-1　社会情境条件与生育支持政策组合影响生育水平的评估理论框架

第三节　方法与数据

一、方法

组态比较方法整合了“定性”（案例导向）和“定量”（变量导向）两种方法的长处，关注案例的“多重并发因果关系”，能够对复杂案例产生的既定结构条件的特定组合进行系统化比较分析，以确保即使在掌握少数条件的情况下依然能够对高水平的复杂性进行模型构建，从而发现蕴含在众多案例中复杂的因果关系。根据评估框架，本研究通过验证欧洲国家的社会情境与特定生育支持政策组合是否为该国生育率及其变化的充分和/或必要条件，并判定社会情境条件与生育支持政策的哪种组合会对生育率产生影响。由于结果变量为生育率，属于连续变量，故采用组态比较方法中的模糊集定性比较分析（fuzzy-set Qualitative Comparative Analysis，fsQCA），分析软件使用fsQCA软件（2.5版）。

模糊集定性比较分析需要将原始数值处理校正为模糊集隶属分数，即模糊变量所需数据类型为0至1的连续值。本研究将所有国家的结果和条件变量都通过代数方法校正为0至1的数值。具体方法为：将该指标上的最高数值设定为1，最低数值X_{min}设定为0，然后通过以下公式将每个国家的数值校正为0至1的值，代表着每个国家在该指标上在两个极端值中的相对位置（$Membership_i$）：

$$Membership_i = (X_i - X_{min})/(X_{max} - X_{min})$$

二、数据

由于2000年以来欧洲生育支持政策体系比较完善且变动不大，除2008年经济危机造成的短期波动外，各国社会发展总体比较稳定。因此，兼顾数据可比性和可获得性①，条件变量（生育支持政策和社会情境条件）数据选择2018年或最近年份的数据。结果变量（生育水平）数据使用世界生育数据库2000—2018年的生育数据。

结果变量选取生育率变化。2000—2018年欧洲29国总和生育率平均水平在1.4～1.6波动变化（见图3-2），其中，方差最大的是捷克（0.315），方差最小的是荷兰（0.0027）。本研究纳入2000年、2001年、2002年、2016年、2017年和2018年平均变动差异，并将该总和生育率变化进行标准化处理，将标准化后的总和生育率变化作为测量指标。具体公式为：

$$TFR' = \frac{\frac{1}{3}[(TFR_{2018} + TFR_{2017} + TFR_{2016}) - (TFR_{2000} + TFR_{2001} + TFR_{2002})]}{\frac{TFR_{2000} + TFR_{2001} \cdots + TFR_{2018}}{19}}$$

变化值最大（X_{max}）的国家为捷克（+0.36），变化值最小（X_{min}）的国家为塞浦路斯（–0.17），然后按照上述方法将生育率变化值进行校正为模糊集隶属分数。

① 部分加入欧盟较晚的国家并没有上交2000年之前的官方统计数据，部分国家2013年之后的数据尚未在数据库中更新。

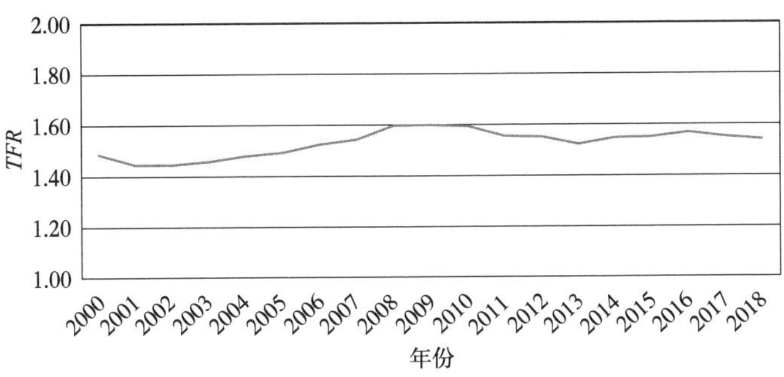

图3–2 2000—2018年欧洲29个国家总和生育率均值变化

数据来源：联合国经济和社会事务部人口司。

条件变量为三类社会情境条件和三类生育支持政策，其原始数据和模糊集隶属分数见表3–1和表3–2，六个条件变量处理步骤如下。

表3–1 2018年欧洲29个国家的条件变量与结果变量的原始数据

国家	条件变量						结果变量	
	社会情境条件			生育支持政策				
	性别平等程度	经济发展水平/美元	注重后代文化/%	生育津贴/%	生育假期/周	儿童照料服务/%	*TFR*变化	标准化*TFR*变化
奥地利	0.74	51499.90	51.00	2.70	56.00	52.20	0.15	0.10
比利时	0.75	47472.10	47.00	2.10	18.10	76.55	–0.01	–0.01
保加利亚	0.73	9271.50	81.00	1.80	71.60	47.00	0.32	0.22
克罗地亚	0.72	14915.40	65.00	1.80	44.50	36.45	0.01	0.01
塞浦路斯	0.69	28689.70	77.00	1.20	15.00	58.65	–0.24	–0.17
捷克	0.71	23069.40	73.00	1.60	47.50	44.20	0.51	0.36
丹麦	0.78	61390.70	56.00	3.40	27.60	79.15	0.00	0.00
爱沙尼亚	0.75	23247.10	75.00	2.10	86.40	60.90	0.29	0.18
芬兰	0.83	50175.30	38.00	2.90	46.10	61.20	–0.23	–0.13
法国	0.78	41469.90	65.00	2.40	23.40	71.90	0.01	0.00
德国	0.79	47615.70	53.00	3.30	48.30	59.65	0.23	0.16
希腊	0.70	20316.60	77.00	1.40	21.70	67.80	0.09	0.07
匈牙利	0.68	16150.80	79.00	2.20	69.20	54.20	0.22	0.16

续表

国家	条件变量						结果变量	
	社会情境条件			生育支持政策				
	性别平等程度	经济发展水平/美元	注重后代文化/%	生育津贴/%	生育假期/周	儿童照料服务/%	*TFR*变化	标准化*TFR*变化
爱尔兰	0.88	78582.90	46.00	1.20	7.40	66.40	−0.15	−0.08
意大利	0.71	34488.60	65.00	1.80	26.00	58.35	0.05	0.03
拉脱维亚	0.79	17854.80	80.00	1.60	52.70	57.35	0.44	0.30
立陶宛	0.75	19071.30	71.00	1.20	66.00	50.95	0.36	0.24
卢森堡	0.73	116597.30	53.00	3.30	45.20	74.20	−0.29	−0.18
马耳他	0.69	30030.00	63.00	0.90	15.70	58.15	−0.25	−0.18
荷兰	0.74	53022.20	32.00	1.20	16.40	70.75	−0.11	−0.06
挪威	0.84	81734.50	37.00	3.20	52.40	72.00	−0.17	−0.09
波兰	0.74	15422.50	66.00	2.60	43.60	35.15	0.14	0.10
葡萄牙	0.74	23403.20	59.00	1.20	32.90	72.05	−0.11	−0.08
罗马尼亚	0.72	12306.10	85.00	1.10	97.10	45.20	0.43	0.30
斯洛伐克	0.72	19443.60	58.00	1.80	53.10	35.05	0.28	0.21
斯洛文尼亚	0.74	26041.80	58.00	1.10	52.30	69.30	0.38	0.26
西班牙	0.80	30323.70	53.00	1.20	20.30	72.70	0.06	0.05
瑞典	0.82	54651.10	33.00	2.90	45.40	72.25	0.22	0.12
瑞士	0.78	82828.80	50.00	1.60	8.20	47.00	0.11	0.07

数据来源：世界银行、欧盟统计局、经济合作与发展组织家庭数据库。

表3–2　2018年欧洲29个国家条件变量与结果变量的模糊集隶属分数

国家	条件变量						结果变量
	社会情境条件			生育支持政策			
	性别平等程度	经济发展水平	注重后代文化	生育津贴	生育假期	儿童照料服务	*TFR*变化
奥地利	0.34	0.39	0.36	0.72	0.54	0.39	0.53
比利时	0.37	0.36	0.28	0.48	0.12	0.94	0.33
保加利亚	0.25	0.00	0.92	0.36	0.72	0.27	0.75

续表

国家	条件变量						结果变量
	社会情境条件			生育支持政策			
	性别平等程度	经济发展水平	注重后代文化	生育津贴	生育假期	儿童照料服务	*TFR*变化
克罗地亚	0.22	0.05	0.62	0.36	0.41	0.03	0.36
塞浦路斯	0.07	0.18	0.85	0.12	0.08	0.54	0.03
捷克	0.15	0.13	0.77	0.28	0.45	0.21	1.00
丹麦	0.53	0.49	0.45	1.00	0.23	1.00	0.34
爱沙尼亚	0.37	0.13	0.81	0.48	0.88	0.59	0.68
芬兰	0.78	0.38	0.11	0.80	0.43	0.59	0.10
法国	0.52	0.30	0.62	0.60	0.18	0.84	0.35
德国	0.55	0.36	0.40	0.96	0.46	0.56	0.64
希腊	0.12	0.10	0.85	0.20	0.16	0.74	0.47
匈牙利	0.00	0.06	0.89	0.52	0.69	0.43	0.64
爱尔兰	1.00	0.65	0.26	0.12	0.00	0.71	0.19
意大利	0.15	0.23	0.62	0.36	0.21	0.53	0.40
拉脱维亚	0.54	0.08	0.91	0.28	0.51	0.51	0.90
立陶宛	0.34	0.09	0.74	0.12	0.65	0.36	0.79
卢森堡	0.24	1.00	0.40	0.96	0.42	0.89	0.00
马耳他	0.08	0.19	0.58	0.00	0.09	0.52	0.01
荷兰	0.30	0.41	0.00	0.12	0.10	0.81	0.22
挪威	0.83	0.68	0.09	0.92	0.50	0.84	0.16
波兰	0.30	0.06	0.64	0.68	0.40	0.00	0.53
葡萄牙	0.34	0.13	0.51	0.12	0.28	0.84	0.19
罗马尼亚	0.24	0.03	1.00	0.08	1.00	0.23	0.89
斯洛伐克	0.21	0.09	0.49	0.36	0.51	0.00	0.73
斯洛文尼亚	0.33	0.16	0.49	0.08	0.50	0.78	0.82
西班牙	0.59	0.20	0.40	0.12	0.14	0.85	0.43
瑞典	0.72	0.42	0.02	0.80	0.42	0.84	0.56
瑞士	0.51	0.69	0.34	0.28	0.01	0.27	0.47

第一，经济发展水平。选取世界银行（World Bank）公布的2018年人均国内生产总值（GDP per capita）作为该国经济发展水平指标[①]。最低值为保加利亚9271.5美元（中国为9770.8美元），最高值为卢森堡116597.3美元。

第二，注重后代文化。选取欧洲教育价值观调查数据（European Values Study）[②]家庭后代的四个相关问题中作出“同意”或“非常同意”选择的人数的百分比，作为“注重后代文化”条件的指标[③]。

第三，性别平等程度。选取世界经济论坛（World Economic Forum）2020年发布的全球性别差距指标（Global Gender Gap Index 2020）作为性别平等程度指标。该报告通过对各国两性在政治赋权、收入、劳动参与率等方面的研究量化了2018年性别差距[④]。最低值为匈牙利0.677，最高值为爱尔兰0.877（中国为0.676，与中国接近的欧洲国家为马耳他0.693和塞浦路斯0.692）。

第四，生育津贴。将2017年各国儿童家庭津贴的财政投入（family benefit）所占本国GDP的百分比，作为衡量生育津贴程度的指标。最高值为丹麦3.55%，最低值为荷兰0.91%。

第五，生育假期。使用2018年OECD各国生育假期体系数据的“全薪休假周数”（Full–rate Equivalent in Weeks）作为本项条件指标。通过加权计算（法定周数+非法定周数×薪水百分比）得到父母相当于“全薪产假和

---

① 数据来源：世界银行数据库。

② 该研究由欧盟资助，2009—2012年在欧洲所有国家大规模随机抽样，用利克特量表（从“非常不同意”至“非常同意”）的方式测量价值观的若干维度。数据来源：欧洲教育价值观。

③ 四个题目为：（1）孩子对一个成功的婚姻来说“非常”或者“相当”重要（Children are very or rather important for a successful marriage）；（2）“同意”或者“非常同意”女人要有孩子才算完整这一说法（“agree” or “strongly agree” the statement that a woman has to have children in order to be fulfilled）；（3）“同意”或者“非常同意”男人要有孩子才算完整这一说法（“agree” or“strongly agree” the statement that a man has to have children in order to be fulfilled）；（4）“同意”或者“非常同意”有工作是不错，但大多数女人真正想要的还是家庭和孩子这一说法（“agree” or “strongly agree” the statement that a job is alright but what most women really want is a home and children）。

④ 数据来源：世界经济论坛。

育儿假周数”。再将父母双方的相加得到“父母相当于全薪的休假周数”。最高值为罗马尼亚97.1周，最低值为爱尔兰7.4周。

第六，儿童照料服务。以欧盟提出的巴塞罗那目标（Barcelona Objectives）提供的框架[①]计算本条件的指标，分成三步。

（1）计算0～3岁婴幼儿入托百分比，将2018年欧洲各国0～3岁婴幼儿每周接受1～29小时托育服务的百分比与每周接受30小时以上托育服务的百分比相加求和，得到3岁以下婴幼儿入托百分比。

（2）计算3～6岁儿童入园百分比。3～6岁儿童每周接受1～29小时学前教育的百分比与每周接受30小时以上学前教育的百分比相加。

（3）计算0～6岁儿童照料服务利用比例，取0～3岁婴幼儿入托与3～6岁儿童入园的百分比平均值。最高值为丹麦87.25%，最低值为波兰24.15%。

第四节　研究结果

一、必要性检验：欧洲经济水平较差地区的生育率回升

如表3-3所示，2018年六类条件变量的必要性检验显示：“～经济发展水平”这一条件的一致性值为0.97，大于0.90[②]。这说明，经济发展水平较低是欧洲国家生育率提高的必要条件，换句话说，2000年以来生育率有所回升的国家位于欧洲经济水平较差区域。需要注意的是，并不是所有经济水平低的地区都有生育率提高。

① 巴塞罗那目标：欧盟成员国在2010年时有90%法定学龄儿童和33%的3岁以下婴幼儿接受托育和学前教育设施的服务。

② 当某个条件的一致性值大于0.90时，该条件可以被认为是必要条件，即当有结果变量时一定有该条件出现。

表3–3　六类条件的必要性检验：一致性与路径覆盖率

类别	条件	一致性	路径覆盖率
生育支持政策	生育津贴	0.58	0.64
	～生育津贴	0.79	0.64
	生育假期	0.69	0.84
	～生育假期	0.68	0.51
	儿童照料服务	0.62	0.52
	～儿童照料服务	0.72	0.75
社会情境条件	性别平等程度	0.55	0.68
	～性别平等程度	0.87	0.65
	经济发展水平	0.36	0.60
	～经济发展水平	0.97	0.63
	注重后代文化	0.83	0.73
	～注重后代文化	0.57	0.57

二、充分条件：五种组态方案对生育率起到积极作用

通过对不同条件形成组态方案来进行检验，判断社会情境条件和生育支持政策的组合方式可以成为生育水平提高的充分条件，核心目标是发现当有哪些条件组合出现时，生育率一定会提高。通过模糊集定性方法的中间方法（intermediate solution），共发现了五种配置方案的一致性大于临界值①（见表3–4）。根据“性别平等程度”这一核心条件的存在与否，将这五

① 一致性是指这些案例结果变量的趋势在多大程度上与因果条件所显示的相一致。根据数据的实际情况，即在一致性有断点的地方，选择0.88作为临界值来确定一个配置是不是高一致性，超过0.8即接受。然后，选择fsQCA的中间方法(intermediate solution)，通过真值表计算方法来得到一个更加严格的结果，将似是而非的结果剔除出去。

种组态方案分为性别平等（组态方案A和B）和性别不平等（组态方案C、D和E）两类进行分析。

表3–4　影响生育率变化的组态方案

条件组合		组态方案				
		A	B	C	D	E
社会情境条件	性别平等程度	√√	√	×	×	×
	经济发展水平	√√	×	—	×	×
	注重后代文化	××	√	√	—	√√
生育支持政策	生育津贴	×	√	×	—	√√
	生育假期	×	×	√√	√√	—
	儿童照料服务	××	√	√	×	×
案例		瑞士	法国	拉脱维亚、爱沙尼亚	罗马尼亚、斯洛伐克、保加利亚、立陶宛、奥地利	波兰、匈牙利

注：√√表示该条件在严格方法检验下存在，是核心条件；√表示该条件仅在中间方法检验存在，为周边条件；×表示该条件不存在的情况；—表示该条件无影响。

方法论相关说明：每个条件上0至1的值是相对位置，计算时并不认为某个国家在这个条件上有一个一刀切的“是”或“否”，而是某些程度上的“是”，所以有可能两个国家的数值其实差异不大，但是结合其他条件之后就被归为不同的配置了。

第一类，性别平等。组态方案A特征是“富裕平等的个人主义”社会：经济发达、文化不强调后代的价值，政府没有慷慨的生育支持政策措施；在这种条件下生育率仍有所提高。欧洲29个国家中唯一满足这一组态条件（*Membership* > 0.5）的国家为瑞士。组态方案B特征是“平等的中产阶级”社会：社会性别平等但较强调后代的价值，经济水平一般，有慷慨的生育津贴和较高的儿童照料服务使用，但产育假时间不长，都可以保持生育率平稳，符合该组态条件的是法国。

第二类，性别不平等。组态方案C特征是“想要孩子、生养育假期长”

社会：文化中强调后代重要性，生育政策中没有慷慨的生育津贴却提供了相当长的生育假期和儿童照料服务，无论经济发展程度如何，生育率都有上升。符合此类特征的欧洲国家为拉脱维亚和爱沙尼亚，其社会情境比较相近。组态方案D特征是“贫穷、假期长且缺乏儿童照料服务”社会：性别差异大且经济不发达，儿童照料服务使用率低，生育假期却很长，无论是否强调后代价值的文化传统或者提供生育津贴，此类国家生育率都有不同程度上升。此类包含6个国家，分别为罗马尼亚、斯洛伐克、保加利亚、立陶宛和奥地利。组态方案E特征是“高补贴的欠发达”社会：这类国家经济水平一般，但非常强调后代文化，有很慷慨的生育津贴，没有提供较好的儿童照料服务，无论生育假期长短，具有该组态国家生育率均上升，此组态方案中的国家是波兰和匈牙利。

第五节　结论及政策启示

经济发展条件只是欧洲近年来生育率提高的必要条件之一，这需要与20世纪90年代的历史背景相结合分析。在这29个欧洲国家中，自2000年生育率有所提高的国家大部分为经济发展水平相对较差的国家。20世纪90年代，这些国家大多经历过巨大的社会变迁，与之相伴的是生育率的迅速降低；2000年之后社会平稳发展，前些年所积攒的生育得以释放。

在本研究中，经济水平发展相对较好的那些西北欧国家，在经历了20世纪七八十年代生育率快速降低之后，在90年代生活富足，生育率已有平缓上升。进入21世纪后，伴随着个人主义的兴起与对个人实现的追求，生育年龄不断推后，再加上2008年金融危机的影响，原先回升的生育率又开始平缓下降。经济发展水平较低这一必要条件并不意味着经济发展水平相对较差的国家都有生育率的提高。

我国借鉴欧洲生育支持政策要考虑与欧洲的可对比性和中国的特殊

性。通过对充分条件的检验，研究发现五种组态方案都可以提升生育率。然而方案互相之间并不能直接比较，我们并不能作出哪个配置方案最有效的结论。这五种组态方案条件水平的高低都是在这29个欧洲国家内部相对来说的，因此在试图移入中国情境的时候，应该考虑中国与这些欧洲国家在某些条件上（如经济发展水平）的相对位置以及在某些条件上（如注重后代文化）本质上的不同。以经济发展水平为例，2018年中国人均GDP与本研究29个国家中最低的保加利亚略高一点，但由于中国地区间差异很大，已有9个省份人均GDP超1万美元，京津沪人均GDP超出3万美元已和中等偏下的欧洲国家水平相当，而且由于购买力更强，增长也十分迅速，应该按照中等发达社会来对待；而西部贫困地区则远远落后。因此，在借鉴欧洲经验制定生育支持政策时，要考虑当地的实际社会条件，而不能盲目照搬。另外，我国自古以来尊崇的儒家文化将对后代的重视（尤其是对男性）推到了相当的高度，然而伴随着城镇化和现代化，传统价值观也正经历着变迁。然而这种变迁并不是指向西方价值观的单一向度的变化，而是杂糅了多种价值的有中国特色价值观（刘丰，2015）。

讨论这五种组态方案需要结合中国地域的异质性。在性别平等的两个方案中，方案A在富裕的社会或高福利社会中能够起作用，而我国短期内还达不到瑞士的富足程度，因此这两个方案对我国的参考作用暂时有限。符合方案B的是法国，法国2000—2018年总和生育率平均值在1.94，方差为0.0029，属于欧洲长期稳定在接近更替水平的国家。经济水平在欧洲处于中等水平的法国，性别相对平等且注重后代文化，这与我国广大中产阶级迅速崛起的大城市有着相当的可比性，对我国具有较大的启示意义。该方案强调对儿童照料服务的高使用率和针对低收入家庭的育儿补贴，但生育假期很少。也就是说，在此类社会情境下，增加儿童照料服务和针对性的生育津贴可以有效保持当前生育率。从法国情况来看，育儿补贴可以刺激移民人口和低收入人口的生育水平，从而弥补总体生育水平。结合我国情况看，发达地区女性就业率高，通过较高质量的儿童照料服务，解决了中产阶级家长，特别是职场母亲平衡工作和家庭。反之，法定生育假期越长可能会更大地削弱女性的职场竞争力，加剧性别不平等，难以受到这些地区家庭的欢迎。

在性别不平等的三个方案中，方案C的社会情境是性别差距较大、注重后代文化的地区，无论这些地方经济发达与否，较慷慨的生育假期和儿童设施提供都将促进生育水平提升。该方案对我国广东、浙江等地方具有较好的借鉴作用。方案E所具有的社会情境和我国西部地区具有可比性，性别发展差距较大、经济水平欠发达且注重后代文化。如果能够提供较好的生育津贴，可以比较有效提高生育率。使得生育率提高的组态方案都拥有较长的产育假。方案D的社会情境（性别不平等、经济水平较差、无所谓注重后代文化）与我国实际情况差异较大，没有太多借鉴价值。

综上所述，在借鉴欧洲经验时，我国生育支持政策的制定出台要因地制宜，不可一刀切，充分考虑我国经济社会文化条件以及区域差异性，评估政策的成本效果。在性别平等较好、社会经济发展水平较高的地区，应该借鉴法国模式，在儿童照料服务方面加大公共投入，使得中产阶级父母能够平衡好工作和家庭；在性别平等较差、社会经济发展水平较低且托育和学前设施有限的地区，应当学习拉脱维亚、爱沙尼亚等模式，给予家长较为宽裕的产假和育儿假，使父母能够更有时间照顾孩子；在性别差距较大、注重后代文化的经济发达地区，较慷慨的生育假期和提供儿童照料服务双管齐下将对提升生育水平大有帮助。

第四章　家庭儿童养育成本与生育意愿研究：以北京市为例

生育率转变是人类社会一场无声的革命，中国社会也在经历这场“生育革命”（fertility revolution），并且处于生育成本约束为主导的低生育率阶段（李建民,2000）。2016年，我国开始实施全面两孩政策。调查数据显示，2006—2016年我国的总和生育率在1.65上下波动，理想子女数和计划生育子女数分别为1.96和1.75。群众的生育意愿偏低，全面两孩政策效果受限（贺丹等，2018）。究其原因，主要表现在生育观念的转变和养育成本的增加。生育逐渐由社会的“公”事转变为个人的“私”事。当代的年轻夫妇在养育孩子时更加注重孩子的教育，特别是追求才能和艺术方面的培养，而在追求“精致养娃”的背后却是昂贵的养育成本，“生不起，养不起”成为制约年轻人生育的重要因素。

随着社会的发展以及生活水平的提高，人们育儿的理念和方式发生了较大的变化，特别是在北京、上海等一线城市，育龄人群面临繁重的工作压力、昂贵的生活成本以及生育孩子后需要负担高昂的育儿成本。养育一个孩子需要花费多少钱？在儿童成长各个阶段父母需要付出的时间和工作机会是怎样的？影响儿童养育成本的因素有哪些？以上是本章想要回答的问题。

本章的数据来自“北京市家庭养育成本及生育意愿调查”项目。本次调查使用问卷星进行随机抽样。调查对象为调查时至少有一个0～12岁孩子的北京夫妇。本次调查的拒访率为16.15%，有效回收样本1056份。调查问卷分为A、B、C、D、E五个部分，分阶段了解北京市的儿童养育成本。A表是基本情况表，B表调查入园前孩子的养育成本，C表调查幼儿园阶段孩子的养育成本，D表调查小学阶段的儿童养育成本，E表为所有被调查者均须填答的生育意愿调查。本章基于该数据对儿童养育成本、生育意愿以及影响家庭养育成本的因素展开分析。

第一节　调查基本情况

一、家庭信息

在家庭构成方面（见表4–1），被调查的北京市家庭中，孩子母亲613人，占58.1%；孩子父亲443人，占41.9%，被调查者的平均年龄为34.6岁；孩子父母的婚姻状况多为初婚，占比95.2%；被调查者的受教育程度主要是分布在大学专科/本科及以上。被调查家庭中主要成员（孩子的父母、爷爷奶奶、外公外婆）的身体健康状况相对较好。其中，家庭主要成员身体健康的占比达75.3%。

表4–1　受访者家庭基本构成

变量	受访者人数/人	比例/%
家长角色		
母亲	613	58.1
父亲	443	41.9
本人年龄	1056	34.6①
配偶年龄	1056	34.8①
婚姻状况		
初婚	1005	95.2
离异	15	1.4
再婚	22	2.1
复婚	12	1.1

续表

变量	受访者人数/人	比例/%
其他	2	0.2
家庭类型		
非独生子女家庭	488	46.2
双独家庭	253	24.0
单独家庭	315	29.8
一孩性别		
男	572	54.2
女	484	45.8
一孩年龄		6.67①
一孩成长阶段		
入园前	277	26.3
幼儿园	295	27.9
小学阶段	484	45.8
本人受教育程度		
初中及以下	33	3.1
高中（中专）	102	9.6
大学专科/本科	707	67.0
硕士研究生及以上	214	20.3
配偶受教育程度		
初中及以下	55	5.2
高中（中专）	101	9.6
大学专科/本科	681	64.5
硕士研究生及以上	219	20.7
家庭成员健康状况		
健康	795	75.3
不健康	261	24.7

注：①为均值。

从家庭类型来看，46.2%的家庭是由非独生子女父母组成的家庭，24.0%家庭为双独家庭，29.8%为单独家庭。在被调查的1056个家庭中，一孩的平均年龄为6.67岁。其中，一孩为男孩的有572个，占比54.2%；一孩为女孩的有484个，占比45.8%。从一孩成长阶段来看，未入园儿童有277人，占比为26.3%；进入幼儿园的儿童有295人，占比为27.9%；小学阶段的儿童有484人，占比为45.8%。

从就业情况来看（见表4–2），受访者中有工作的人数为978人，占比92.6%；未就业人数为78人，占比为7.4%。从工作类型来看，国有或集体单位职工人数为603人，占比57.1%；商业服务办事人员人数为223人，占比为21.1%；农民工、生产工人和运输工人的人数为61人，占比为5.8%；灵活就业人员（含网店经营者）的人数为35人，占比为3.6%；失业及其他从业人员人数为134人，占比为12.4%。

表4–2　受访者就业状况

变量	人数/人	比例/%
工作状态		
有工作	978	92.6
没工作	78	7.4
工作类型		
国有或集体单位职工	603	57.1
商业服务办事人员	223	21.1
农民工、生产工人和运输工人	61	5.8
灵活就业人员	35	3.6
失业及其他	134	12.4
工作单位		
国有或事业单位	490	50.1
合资或外企	85	8.7
私营企业	307	31.4
创业及其他	96	9.8
工作时间灵活度		
灵活	290	29.6
一般	300	30.7
不灵活	388	39.7

受访者工作单位为国有或事业单位的人数为490人，占比50.1%；合资企业/外企人数为85人，占比为8.7%；私营企业的人数为307人，占比31.4%；自我创业及其他类型工作的人数为96人，占比为9.8%。另外，调查结果显示，约1/3的被访者认为工作时间灵活。

受访者家庭的经济状况见表4–3。被调查者及其配偶年收入为10万元及以下的居多，占比分别为50.7%和56.7%。房屋产权多为自己以及配偶所有，占比为66.1%，14.2%的家庭房屋的产权归属于父母及配偶父母所有，19.7%的家庭处于租房状态。多数被访者认为自己的经济状况处于中等水平，占比为61.2%，自评家庭经济状况较好的比例为16.3%，感到家庭经济状况较差的比例为22.5%。

表4–3　家庭经济状况

变量	人数/人	比例/%
本人年收入		
10万元及以下	535	50.7
10万～30万元	377	35.7
30万元以上	144	13.6
配偶年收入		
10万元及以下	599	56.7
10万～30万元	376	35.6
30万元以上	81	7.7
房屋产权		
自己及配偶所有	698	66.1
父母及配偶父母所有	150	14.2
租房及其他	208	19.7
自评家庭经济状况		
较好	172	16.3
中等	646	61.2
较差	238	22.5

在家庭照料状况方面（见表4–4），在照料一孩过程中，19.0%的家庭由母亲单独照料，9.8%的家庭为父母共同照料，71.2%的家庭是由老人或他人帮忙照料。在受访家庭中，非常需要老人帮忙照顾孩子的比例为36.6%，表示老人对养育子女提供经济支持的可能性较大的比例为39.5%。从调查者对再生一个孩子的投入意愿来看，表示愿意的比例为76.6%；表示一般的比例为11.3%，表示无所谓的比例为12.1%。

表4–4　家庭照料状况

变量	人数/人	比例/%
一孩照料方式		
母亲单独照料	201	19.0
父母共同照料	103	9.8
老人或他人帮忙照料	752	71.2
对再生一个孩子的投入意愿		
愿意	809	76.6
一般	119	11.3
无所谓	128	12.1
隔代照料可能性		
较大	386	36.6
一般	206	19.5
较小	464	43.9
老人经济支持可能性		
较大	417	39.5
一般	189	17.9
较小	450	42.6

二、养育成本

下面分阶段呈现北京市受访家庭的儿童养育成本，主要从入园前、幼儿园和小学三个阶段进行对比分析。

由表4–5可知，随成长阶段的提高，在各类花费中，教育费用增长最为明显。在入园前阶段、幼儿园阶段和小学阶段的教育花费分别为4854.5元、10629.9元和23540.5元。旅行费用也存在显著增加：入园前阶段旅行花费为5792.7元、幼儿园阶段为8913.4元，小学阶段为17520.0元。从各项指标的构成来看，入园前阶段，儿童的日常饮食占比最高（28.65%），随着成长阶段的变化逐渐降低。幼儿园阶段，托儿保育费用占比大幅提升，约占总花费的30%。在小学阶段，教育培训费用占比显著增加，约占总花费的1/3。与此同时，外出旅行费用约占总花费的1/4。这一比例随儿童成长阶段变化而大幅增加：入园前、幼儿园和小学阶段所占比例分别为13.99%、15.86%和24.36%。由表4–5可知，家庭对儿童的教育投资和旅行花费随着成长阶段显著增加，教育培训和外出旅行都可以视为对儿童的教育投资，使他们在成长中不断积累知识、开阔眼界。

表4–5　各个阶段孩子养育成本

养育成本	入园前阶段		幼儿园阶段		小学阶段	
	花费/元	比例/%	花费/元	比例/%	花费/元	比例/%
总花费	41415.5	100.00	56195.6	100.00	71923.2	100.00
托儿保育	5194.6	12.54	16492.8	29.35	6679.1	9.29
教育培训	4854.5	11.72	10629.9	18.92	23540.5	32.73
日常饮食	11867.5	28.65	7465.2	13.28	8877.7	12.34
衣服饰品	3526.9	8.52	3979.5	7.08	4889.6	6.80
娱乐休闲	2889.4	6.98	4518.5	8.04	4611.1	6.41
医疗健康	7290.0	17.60	4196.3	7.47	5805.2	8.07
外出旅行	5792.7	13.99	8913.4	15.86	17520.0	24.36

对照料不同阶段孩子的时间占比见表4–6。入园前，白天的儿童照料主要由爷爷奶奶、外公外婆和妈妈来承担，三者所占比例分比为34.0%、24.5%和26.8%，白天爸爸照顾儿童的比例仅为8.0%。儿童晚上照料的任务由老人转移到父母身上。数据显示，由妈妈晚上照顾儿童的比例占55.8%，爸爸晚上照顾的比例占24.0%，由外公外婆和爷爷奶奶照顾的比例分别为7.9%和10.8%。入园前阶段，儿童需要家庭投入的时间成本较大。

调查者认为儿童3岁以前每天需要照顾5～10小时的占比为31.0%，需要照顾10～15小时的占比为25.6%，需要照顾15～20小时的占比为12.6%，需要照顾20～24小时的占比为23.8%。儿童每天需要照顾10小时以上的占比高达62%。在调查中，孩子处于小学阶段的家庭有475户，小学阶段的孩子并不需要专注照料，时间多用于接送孩子上下学以及课外辅导班，其中27.4%的受访者表示每周接送孩子上下兴趣班和辅导班的时间为1～3小时，24.4%的受访者表示每周接送孩子上下兴趣班的时间为3～5小时，23.8%的受访者表示每周接送孩子上下兴趣班的时间为5～10小时。

表4-6　不同阶段孩子照料时间情况

变量		比例/%
儿童3岁以前照料者（白天）	妈妈	26.8
	爸爸	8.0
	外公外婆	24.5
	爷爷奶奶	34.0
	其他	6.7
儿童3岁以前照料者（晚上）	妈妈	55.8
	爸爸	24.0
	外公外婆	7.9
	爷爷奶奶	10.8
	其他	1.5
儿童3岁以前照料时间/h	≤5	6.9
	5～10	31.0
	10～15	25.6
	15～20	12.6
	20～24	23.8
儿童小学阶段接送时间/h	≤1	19.4
	1～3	27.4
	3～5	24.4
	5～10	23.8
	≥10	5.1

续表

变量		比例/%
儿童入园前闲暇时间使用情况	照料孩子	76.9
	工作加班	10.5
	娱乐休闲	4
	家务劳动	8.3
	其他	0.4
儿童小学阶段闲暇时间使用情况	照料孩子	60.1
	工作加班	12
	娱乐休闲	8.7
	家务劳动	17.1
	其他	2.1
照料/接送孩子情况（入园前阶段）①	父母共同照料	67.9
	妈妈	19.9
	爸爸	3.2
	外公外婆	3.6
	爷爷奶奶	2.2
	保姆/家政工	1.1
	托育机构	1.8
	其他	0.4
照料/接送孩子情况（幼儿园阶段）②	妈妈	29.1
	爸爸	16.6
	外公外婆	19.1
	爷爷奶奶	30.2
	保姆/家政工	1.1
	托育机构	2.1
	其他	1.8

续表

变量		比例/%
照料/接送孩子情况（小学阶段）③	妈妈	31.2
	爸爸	26.5
	外公外婆	17.2
	爷爷奶奶	18.2
	保姆/家政工	1.1
	托育机构	4.2
	其他	1.6

注：①样本量277；②样本量295；③样本量484。

对于照料模式的选择而言，在入园前阶段，父母共同照料入园前儿童是大部分被调查者期望的儿童照料模式，所占比例为67.9%；希望单独由妈妈照顾的占比为19.9%，相比之下希望单独由爸爸照料的比例仅为3.2%。希望由爷爷奶奶、外公外婆照料的比例合计为5.8%。希望得到托育机构和保姆或家政工照料的比例分别仅为1.8%和1.1%。在幼儿园和小学阶段，多数被调查者家庭也并不期望由托育机构和保姆或家政工照料孩子：幼儿园阶段，对于外公外婆和爷爷奶奶照料期望显著提高，占比达到49.3%；而到了小学阶段，希望由父母照料的比例有所上升，占比达到57.7%。

从受访者闲暇时间利用状况来看，无论是在入园前阶段还是小学阶段，受访者的闲暇时间用来照顾孩子的比例最高，入园前和小学阶段分别为76.9%和60.1%，除家务劳动外，其余闲暇时间多用于工作加班。由此可见，妈妈在家庭中扮演着重要的角色，还面临十分严峻的家庭—工作冲突。

由表4–7可以看出，对于大多数家庭而言，孩子在幼儿园阶段就开始上兴趣班，在小学阶段也大多接受课外辅导。处于幼儿园阶段并参加兴趣班的孩子中，参加两门兴趣班的占比最高为38.6%，其次是参加1门和3门兴趣班的比例分别为23.8%和22.8%，少数孩子在幼儿园阶段参加兴趣班就多至3门及以上，这与孩子在小学阶段参加辅导班数量情况大致相同。调查家庭中幼儿园孩子参加的兴趣班排在前三位的分别是美术与书法类、外语类以及舞蹈类，其占比分别为24.5%、20.0%和16.3%。对于小学阶段的孩子而言，大多数家庭为孩子报辅导班的主要原因在于辅导孩子作业以期提高孩子学习成绩，占比高达49.0%。其次是为了帮助孩子培养一技之长、培养孩子良好性格，占比约为34.0%。值得注意的是，还有少部分家庭跟随大众一起报名课外兴趣班、辅导班，也有极少数家长由于没时间带孩子就只能如此。无论是幼儿园阶段的兴趣班，还是小学阶段的辅导班，被调查者表示这些课外班均给家庭带来了不同程度的经济压力，只有少数家庭感到幼儿园和小学期间的兴趣班和辅导班费用带来的经济压力较小。

表4–7　各阶段孩子参加课外班情况

类型		比例/%	
经济压力	班别	幼儿园兴趣班	小学辅导班
	非常大	4.1	12.5
	比较大	27.5	30.0
	一般	45.4	46.8
	比较小	16.6	8.4
	非常小	6.4	2.3
参加门数	班别	幼儿园兴趣班	小学辅导班
	1门	23.8	20.6
	2门	38.6	35.8
	3门	22.8	25.6
	4门	7.1	9.8
	5门以上	7.6	8.3

续表

类型		比例/%
课外班类型	美术、书法类	24.5
	外语类	20.0
	舞蹈类	16.3
	手工科技类	11.6
	体育类	9.9
	乐器、声乐类	13.5
	棋类	3.5
	其他	0.7
课外班目的	辅导功课	20.6
	提高成绩	28.4
	培养良好性格	18.9
	结交朋友	7.3
	周围孩子都上	6.4
	培养一技之长	15.1
	没时间带孩子	1.9
	其他	1.4

三、生育意愿

由表4–8可以看出，被调查家庭中如果不考虑生育政策和其他条件，855人认为一个家庭有1个孩子最理想，占比为81.0%。多数家庭想要两个孩子是为了“儿女双全”“让孩子有个伴”，只有少数家庭要孩子是为了“今后养老更有保障”。由此可见，我国居民生育观念已发生了重大改变，传统的养儿防老观念已有所改善，相对更加看重孩子带来的精神价值。被调查者是否决定生第二个孩子的主要影响来源是自己和配偶，其次是第一个孩子对父母生育两孩的态度，父母及亲戚、朋友、同事对两孩生育决策影响相对来说并不重要。

在调查的1056个家庭中有470个被访者明确表示不打算再生育，占比为44.5%。其中，“经济负担重”是不生育两孩的首要原因，“年龄太大”是不生育两孩的次要原因，带孩子麻烦也是不生育两孩的重要原因。其余多数家庭表示没有想好什么时候生两孩，仅有少数家庭对于两孩生育计划有着明确的时间规划。在孩子学前和小学阶段，家庭对孩子的担心有不同侧重之处。在入园前和幼儿园阶段，家长担心儿童的就医条件以及上下学的接送情况；在小学阶段，家长们更关注的是儿童的作业辅导。

表4–8 调查对象的生育意愿情况

变量		人数/人	比例/%
理想孩子数量	0个	107	10.1
	1个	855	81.0
	2个	56	5.3
	3个	6	0.6
	3个及以上	5	0.5
	无所谓	26	2.5
意愿生育年份	不再生育	470	44.5
	2017年	51	4.8
	2018年	137	13.0
	2019年	114	10.8
	2020年及以后	69	6.5
	没想好	215	20.4
生育两孩影响来源	自己	447	42.3
	配偶	378	35.8
	第一个孩子	122	11.6
	自己或配偶父母	69	6.5
	亲戚、同事、朋友	13	1.2
	其他	27	2.6

续表

变量		人数/人	比例/%
生育两孩原因	儿女双全	380	36.0
	让孩子有个伴	373	35.3
	享受天伦之乐	7	0.7
	降低失独风险	143	13.5
	家庭长辈想要	94	8.9
	今后养老更有保障	27	2.6
	周围人都要生	5	0.5
	意外怀孕不得不生	5	0.5
	国家政策倡导	11	1.0
	其他	2	1.0
不生两孩原因	经济负担重	624	59.1
	带孩子麻烦	83	7.9
	影响个人事业发展	59	5.6
	年龄太大	93	8.8
	生孩子经历痛苦	50	4.7
	配偶不想生	50	4.7
	夫妻身体原因	29	2.8
	现有子女不愿意	6	0.5
	其他	62	6.0
入园前操心原因	儿童就医条件	89	32.1
	孩子上下学接送	78	28.2
	陪孩子上辅导班	36	13.0
	辅导孩子做作业	19	6.9
	做和孩子有关的家务	32	11.6
	其他	23	8.3

续表

变量		人数/人	比例/%
幼儿园阶段操心原因	儿童就医条件	74	25.1
	孩子上下学接送	96	32.5
	陪孩子上辅导班	40	13.6
	辅导孩子做作业	55	18.6
	做和孩子有关的家务	15	5.1
	其他	15	5.1
小学阶段操心原因	儿童就医条件	87	18.0
	孩子上下学接送	111	22.9
	陪孩子上辅导班	63	13.0
	辅导孩子做作业	180	37.2
	做 和孩子有关的家务	18	3.7
	其他	25	5.2

第二节　文献回顾

美国人口经济学家莱宾斯坦（Leibenstein）提出“边际孩子合理选择理论”。他认为父母在家庭中的生育决策，主要是通过对孩子的成本—效用（收益）分析、计算、比较，作出边际孩子选择。这实质上是基于“经济人”假设的效用最大化的理论模型，生育选择是由一个新生儿所带来的满足或者“效用”与抚养一个新生儿所需要负担的包括货币及心理上的“成本”之间的平衡。莱宾斯坦认为，孩子的生产成本可以分为直接成本和间接成本两部分。直接成本也被称为经济成本，是指从怀孕开始到孩子生活自立时为止，其间父母所花费的各种抚养费用，包括衣食住行等生活费用支出、教育费用支出、医疗费用支出及其他支出；间接成本是指父母抚育一个新增孩子所损失的受教育和带来收入的机会，因此又称机会成本（opportunity cost）。机会成本具体包括母亲在怀孕、生育和哺乳期间损失的工资收入与提升机会；父母因照料、抚育新增孩子而失去的受教育、流动和工作的机会，从而失去获得更高收入的机会；父母及其他家庭成员因照料、抚育新增孩子而造成的消费水平下降，时间损失等（李竞能，2004）。随着社会的发展、经济水平的提升以及育儿理念的变化，父母养育孩子时，在经济、时间和工作方面付出的成本已经发生了较大的变化。通过梳理国内外相关文献，发现儿童养育成本的变化呈现以下几个方面的特点。

一、不断攀升的养育成本：儿童成长阶段与养育成本

养育成本是影响生育意愿和生育行为的重要因素。国际上对生育成本的关注较早。自1960年以来，美国农业部一直在追踪调查儿童养育成本。1980年，美国的城市中等收入家庭，将孩子从出生抚养到18岁，总花费为69200～76700美元。其中，主要包括儿童保健、服装、食品、住房和交通等费用，不包含上大学的费用（Edwards，1981）。在美国，养育成本随着孩子年龄的增长而增加，也因家庭收入水平和地区而存在差异（Lino，2017）。

20世纪80年代中期以来，日本子女的养育成本在总消费中所占的比例一直在稳步增加。霍里根据2004—2008年的数据分析日本家庭将孩子从出生养育至18岁的总花费约为1650万日元；两个孩子的家庭，每个儿童养育成本减少到1100万日元左右（Hori，2011）。这在一定程度上表明，孩子的养育成本具有规模经济效应，有两个孩子的家庭在每个孩子身上花的钱更少。

国内现有研究对养育儿童的经济成本已有关注，从全国层面和省市层面均进行了探讨。由于不同研究对儿童养育成本的界定和关注的儿童年龄阶段存在较大差异，不能对养育成本进行直接比较。因此，本部分通过划分儿童不同的成长阶段来梳理养育成本的变化。

（一）学龄前阶段的育儿成本

0～3岁婴幼儿的托育问题是当前社会各界共同关注的问题。重庆市平均每月托育（入园）费用为807.5元，比人们预期的托育费用高11.9%（李孜等，2019）。研究者采用2014年中国家庭发展追踪数据对0～5岁儿童抚养直接经济成本进行估算，从全国来看，抚养一个0～5岁的儿童每年平均费用为10454元。如果将一个孩子从出生抚养到5周岁共需要62726元。其中，城镇儿童养育成本为94216元，农村儿童养育成本为45883元，农村养育成本不到城镇的一半。进一步从城乡差异来看，农村儿童的直接经济成本随年龄的变化不大，但是城镇儿童随年龄的增长，其直接养育成本明显增加。食品、教育、医疗成为养育儿童的三大重要支出项目，教育支出随年龄呈显著增加（李沛霖，2016）。马春华（2018）的研究也得出类似的结论，儿童教育支出随年龄增长而不断增加，医疗支出随年龄增长而不断减少。研究者预测6～17岁儿童的花费随年龄直线上升，特别是教育消费将会有大幅增长。父母在抚养0～5岁学龄前儿童时都需要面临教育费用不断增加的现实，可以想象在后续的育儿阶段中，教育花费将会有更大的投入。

（二）从出生到16岁的育儿成本

1978年，国家统计局与中国人民大学人口所进行了我国儿童养育成本的定量研究。研究发现，1978年将一个婴儿养育到16岁，农村需要1630元，城镇需要4830元，城市需要6907元（刘铮等，1981）。1989年，学者估算了20世纪40～60年代出生婴儿的直接养育成本（有形的货币成本）和无形的养育成本（包括孩子由父母看管的比例、看管孩子占工作时间的比例和孩子与父母同睡的截止年龄），以上两种成本均呈现出不断增加的趋势（蒋正华，1989；李南等，1989）。1986年，北京城乡0～16岁未成年人的家庭投资分别为17046元和10520元（冯立天等，1987）。1995年，陕西咸阳农村地区0～16岁儿童的经济成本约为3万元（朱楚珠等，1996）。1997年，针对厦门市儿童养育成本的研究发现，从母亲怀孕直至把孩子抚养到16周岁，所耗费的直接费用平均为122600元（叶文振等，1998）。杨魁孚等（2000）使用抽样数据估算1998年家庭养育0～16岁需要花费5.8万～6.7万元。这些研究表明，儿童养育成本存在较大地区差异和城乡差异。

（三）从出生到婚前的育儿成本

2003年，上海市针对0～30岁未婚子女的经济成本进行调查，养育子女的经济成本惊人。分阶段从直接成本来看，0～16岁孩子的总成本达25万元左右。如果估算到子女上高等院校，家庭支出高达48万元。估算到30岁前的未婚不在读的子女的总抚养成本达到49万元（徐安琪，2004）。2006年，在当时的物价水平下，大连市群众养育一个子女从出生至结婚前的总费用约为12万元，农村约为10万元，城市约为14万元（尹豪等，2008）。李妙旋（2008）探讨了广东中山农村地区的养育成本，研究发现，从怀孕到高中毕业，父母为子女付出的总经济成本约为14万元；若子女上完三年大专院校，总经济成本约为20万元；若子女上完四年本科院校，总经济成本约为22万元；若加上未婚不在读子女费用，总经济成本达到23万元；从1987年到2007年，儿童人均养育成本从4.7万元上升到16.8万元（按照2007年价格估算）（韩优莉等，2010）。

在全面两孩政策下，广东、重庆和武汉三地的两孩养育成本（从怀孕到大学）为70万～90万元，南昌和潍坊的两孩养育成本在50万元以上，玉溪的两孩养育成本接近40万元（王志章等，2017）。

可以看出，在不同时代，儿童成长的不同阶段，养育的经济成本都非常可观。

（四）养育成本占家庭支出的比例

以上文献梳理了儿童养育的直接成本，均以绝对数来呈现，但是考虑到通货膨胀等因素，缺乏一定的可比性。因此，需要进一步分析养育成本占家庭支出的比例。恩格尔根据1980—1986年美国消费者支出调查报告的数据，对美国家庭儿童支出的比例进行统计，家庭生育成本占家庭支出总额的百分比始终保持在49%左右（Bass et al.，1993）。1995年，陕西省农村养育一个孩子的全部费用平均占家庭总收入的17.4%，其中最高比例达

33.6%，最低比例为6.7%（张友干等，1997）。2000年，上海市除去子女未婚不在读时期，从孩子哺乳期到上大学的各个阶段所花费的费用占家庭总支出的39%～52%。1/4的家庭养育子女经济成本占夫妻总收入的50%以上，最高的甚至是夫妻总收入的近7倍（来自父母累年的积蓄或他人赠送/资助）（徐安琪，2004）。从全国范围来看，从国家统计局数据了解到，2013年儿童年均抚养成本占居民人均可支配收入的57.1%（李沛霖，2016）。由此可见，我国儿童养育成本占家庭支出/收入的比例在不断增加。

总的来看，儿童养育成本在不断攀升，并呈现出显著的城乡差异——城市儿童养育成本显著高于农村；随着儿童年龄的增长，儿童养育的经济成本不断增加。不同时期，儿童养育的经济成本差异较大。

二、"购买希望"：教育投资理念与儿童养育成本

贝克尔在"边际孩子合理选择理论"基础上提出孩子的"净收益"观点。他认为应通过提升孩子的质量来替代孩子的数量。这意味着父母在养育孩子时更注重孩子的教育、品行和修养等全方位的发展。那么父母对孩子的经济投入和情感投入（时间和工作机会）更多，特别是教育投资意愿更为强烈，教育投资在育儿成本中的占比也就更高。

儿童养育成本主要集中在教育方面。越来越多的父母将所有资源倾注在孩子身上，促使教育消费不断增高。父母将孩子的教育投资看作促进孩子成功的有效手段，同时把儿童教育消费视为一种家庭投资策略，是家庭未来的希望。有学者提出，父母对孩子的教育投资可以视为"购买希望"，期待通过社会资本的积累获得社会阶层地位的提升（林晓珊，2018）。这一现象并非只在中国发生，日韩父母对儿童的教育投资也较为盛行。

教育费用在养育成本中的比例不容小觑。1998年，厦门市0～16岁孩子的教育费用占总抚养费用的14.67%（叶文振等，1998）。2000年，上海市教育成本自幼托班起占子女所有花费的比重为22%～41%（徐安琪，2004）。2008年，大连市高中及大学时期的教育花费越来越多，高中和大学的学费占所有花费的一半（尹豪等，2008）。总体来看，3～5岁儿童的

教育支出占年抚养成本的40%～50%，农村教育亦有如此趋势。

调查数据显示，1995年，山东农村养育0～16岁孩子的平均直接成本中，满足生存需求的营养费和穿着费用分别占50.0%和11.7%，而教育费用仅占9.0%（朱楚珠等，1996）；1986年，北京城镇地区养育孩子的文化教育费用占养育成本的18.2%，农村地区这一比例为9.4%（冯立天等，1987），说明当时在农村地区对孩子的教育投入在养育孩子的直接成本中占比较低。广东省中山市农村子女养育成本调查显示，从教育费用占各期子女总支出费用的比例来看，小学的教育费用占子女总支出费用的12.29%，初中阶段的教育费用占20.61%，学龄前期和高中阶段费用占比分别为35.65%和36.05%，大专及以上阶段教育费用占比达46.37%（李妙旋等，2008）。川渝地区农村家庭子女学校教育费用占养育成本的30%左右（邱德胜等，2018）。

儿童的生育和抚养并不是一次性消费，而是伴随儿童成长周期长期消费的过程，还会涉及教育、住房、汽车等消费领域。其中大部分费用会用在教育支出上，全面两孩政策的实施导致学前教育、培训班和兴趣班等教育支出进一步扩大（王军等，2017）。近年来，关于“抢报兴趣班”“假期游学”等形式的教育培训层出不穷，面对“教育热”，大部分的父母无法摆脱“教育焦虑”，不断出现“月薪3万元，还是撑不起孩子的一个暑假”等网络热文。课外兴趣班费用约占整个小学阶段教育花费的50%。以上数据表明，教育费用在养育费用的比例不断提升，正是证明了这一现象的真实存在。总体来看，当前中国家庭育儿成本占家庭平均收入的近50%，教育支出是儿童养育过程中的主要负担（李红梅，2017）。

父母将当前对儿童高昂的教育费用看作一项“教育投资”，不让孩子输在起跑线上。与此同时，一些父母也将认为教育投资更是一场“军备竞赛”，其他的父母都在为孩子进行教育投入。如果自己不对孩子进行教育投入，就担心孩子跟不上，低人一等。儿童养育中的教育投资逐渐形成一种“攀比”。赢在“起跑线”上，是当前父母对孩子未来寄予期望的一种心态。

三、“丧偶式育儿”：儿童养育间接成本的性别化

“丧偶式育儿”是近年来一直被热烈讨论的话题。这一现象指的是在儿童养育过程中，夫妻一方的责任的缺失，一般是指父亲角色的缺失，照料和养育儿童的责任主要由母亲承担。如果说儿童养育的直接成本是由夫妻双方共同承担的，那么儿童养育间接成本，无论是无薪的家务劳动、大量照顾时间成本的投入，还是因为职业中断导致的收入减少，主要都是由母亲承担的。当前生育成本的研究，特别是机会成本的研究对象主要关注女性，在研究中忽略了男性作为父亲在育儿过程中的角色参与。

男性在劳动力市场的优势使其在生育成本中更多地承担了经济成本，在女性不参与劳动市场的时候，女性付出的更多的是经济成本以外的成本（Willis，1973）。因此，女性的个人自由和发展机会成本高于男性。相对于男性来说，女性在生育和养育孩子的过程中消耗了更多的精力和时间，母亲角色的扮演极大程度上限制了女性在其他方面的时间投入和精力投入。父亲与母亲在生养孩子方面成本投入的不平衡，导致女性在劳动力市场上的竞争资本普遍弱于男性（刘汶蓉等，2006）。

关于养育成本的间接成本可以通过父母照料儿童时间进行测量。国际上，研究者采用2008—2009年意大利和2009—2010年法国时间使用调查数据分析父母在儿童照料方面时间成本。研究发现，在意大利和法国约65%的儿童养育工作由母亲完成。两国的父亲照料儿童的时间占儿童总照料时间的三分之一。夫妻照料孩子的时间随最小孩子年龄的增长而大幅降低。例如，对有两个孩子的法国母亲来说，最小的孩子年龄在0～2岁时，她照料孩子的时间为2.8h/d，其配偶为1.3h/d；同样的条件下，意大利母亲为3.5h/d，其配偶为1.7h/d（Ariane et al.，2019）。

照料孩子牺牲了父母休闲和娱乐的时间，平均每天减少他们2小时的休闲娱乐时间（Ariane et al.,2019）。女性的空闲时间只受孩子数量的影响。女性空闲时间的减少也意味着她们的平均每日工作量（包括带薪和无薪工作）仍然高于男性。在工作时间的性别趋同的背景下，如果社会大众普遍

认为女性的部分工作时间是无偿的，那么时间成本只是性别不平等的冰山一角，这也被称为女性的“性别”成本（Burda et al.，2013）。

朱楚珠等（1996）将儿童养育的间接成本定义为“间接成本=误工时间+减少闲暇时间”。研究显示，在咸阳农村从母亲怀孕到孩子16岁平均一个孩子误工是738天，即2年多时间，并且主要由母亲陪伴孩子。子女年纪越小，家长陪伴子女的时间越长。在婴儿期，家长每天陪伴孩子4小时以上的被访者高达71.88%；在幼儿期，家长每天陪伴孩子4小时以上的比例占60.59%；从学龄前期开始，家长需要给孩子辅导学习，其中辅导时间最多的是小学时期，辅导学习1小时以内的比例占47.5%，辅导1～2小时的比例占20.11%（朱楚珠等，1996）。

对于一个家庭而言，儿童养育成本涉及父母的金钱（经济）、时间和工作三种不同的资源（Scheiwe，2003；马春华，2018）。因此，本研究将儿童养育成本从经济成本、时间成本和工作成本三个方面进行探讨和分析，如图4–1所示。

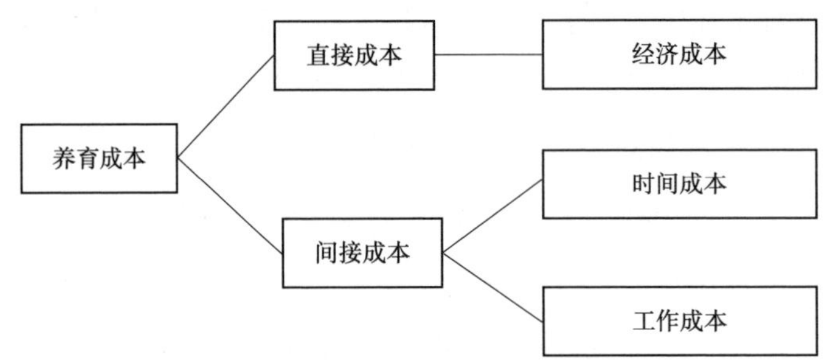

图4–1　儿童养育成本的分析框架

第三节　实证分析

一、变量选取与模型方法

（一）主要变量

1. 因变量

本部分从直接成本和间接成本两个方面进行儿童养育成本的测量。

直接成本为一个家庭在最近一年内养育孩子花费的金额。在本研究中主要涉及托儿保育费用（包括保姆费、托管班费用、幼儿园学费和托育机构费用）、教育培训费用（辅导班、兴趣班和小学学费等）、日常饮食费用（包括奶粉、营养品和食品等）、衣服饰品费用、娱乐休闲费用（包括玩具、周末游玩、各种演出门票等）、医疗健康费用（包括购买保险、看病等）和外出旅行费用（包括陪同人员花销）等七个方面。

间接成本从两个方面进行分析，一是对孩子付出的时间成本；二是因个人的工作和生活产生的机会成本。

时间成本主要包括每天陪伴孩子的时间、接送孩子上兴趣班/辅导班的时间。养育成本的基本内容见表4–9。将每周的时间除以7，形成平均每天接送孩子上兴趣班/辅导班的时间，并以小时为单位。

表4–9　养育成本的基本内容

养育成本		相关变量
直接成本	经济成本	包括托儿保育费用、教育培训费用、日常饮食费用、衣服饰品费用、娱乐休闲费用、医疗健康费用和外出旅行费用等
间接成本	时间成本	入园前阶段：您每天花在孩子身上的时间（小时）； 幼儿园阶段：您平常每天陪伴孩子的时间（小时），以及您每周陪（接送）孩子上兴趣班的时间（小时）； 小学阶段：您平常每天陪伴孩子的时间（小时），以及您每周（接送）孩子上兴趣班和辅导班的时间（小时）。 * 以上时间均换算成平均每天陪伴孩子的时间，以小时为单位
	工作成本	使用因子分析方法，生成工作成本因子

工作成本通过量表的形式测量（见表4–10）。每题分值为0～10分，完全没有影响计分为0，有非常大影响计分为10。首先，通过KMO和Bartlett球形检验表4–10中的8个题项是否适合进行因子分析，得到KMO值为0.901。以上测量指标之间的共同因素较多，且Bartlett球形检验达到显著水平，说明这些题项适合进行因子分析。

表4-10　工作成本分析的因子负载

题项	因子负载	特殊方差
（1）在日常工作中，我常常因担心或照顾孩子而迟到、早退	0.811	0.343
（2）在日常工作中，我常常因为担心或照顾孩子而请假或请长假	0.829	0.314
（3）在工作中，因为照顾孩子导致我的工作出现短暂的中断	0.829	0.312
（4）由于生孩子而影响我在单位职务的晋升	0.807	0.349
（5）因照料孩子而无法进行业务进修和深造学习	0.844	0.287
（6）因照料孩子而减少正常的娱乐休闲和社会交往活动	0.745	0.445
（7）因照顾孩子导致自己作息时间混乱，改变了原有的生活习惯	0.735	0.460
（8）因为长期照顾孩子而无法时常看望父母	0.739	0.454

采用因子分析的主成分方法提取公因子，8个题项只形成一个综合因子，且每个题项的因子负载值都比较高，最高负载系数为0.844，最低负载系数为0.735。这说明以上8个题项高度相关，将它们合成为一个因子是合适的，因此将该因子命名为工作成本。经过调整，将该变量处理为取值范围在0～100。分值越高，表示机会成本越高。

2. 自变量

本研究的核心自变量为家长身份、儿童成长阶段和教育投资理念。

家长身份，包括父亲和母亲，考察作为不同的家长身份对儿童养育成本付出的差异。

儿童成长阶段，主要分为入园前阶段、幼儿园阶段和小学阶段。儿童所处的成长阶段不同，父母需要花费的经济成本、时间成本和工作成本有所不同。

教育投资理念，用来测量父母对孩子进行教育投资的看法，主要包括以下内容：①为了孩子将来发展更好，所有的投入都是值得的；②其他父母都在投入，自己不投入的话怕孩子跟不上；③为了履行父母养育孩子的责任；④为了将来自己老了有更好的依靠；⑤孩子发展得越好，其父母就会越感到满足。被调查者对以上5个题项进行打分，0～5表示从对教育投资理念各分项表示“非常不认同”到“非常认同”的程度。通过因子分析获得教育投资理念变量，各题项的因子载荷均大于0.6，具有较好的代表性。得分越高表明教育投资认同度越高。

3. 控制变量

控制变量包括父母的年龄、受教育程度、职业类型和收入状况等。家庭信息包括家庭类型、一孩性别和一孩年龄、照料方式。

（二）分析策略与方法

本研究的分析方法主要有描述分析、因子分析和回归分析。首先，对数据进行描述性分析，包括单变量分析和相关分析，以了解数据的基本情况。其次，对相关变量进行因子分析，将量表题项转化为因子，集中探讨变量的变化情况。最后，进行回归分析，把握自变量与因变量之间的独立关系，探讨儿童养育成本的影响因素，采用线性回归（OLS）模型。

二、研究发现

（一）养育成本测算

总体来看，随着儿童成长阶段的变化，其总花费显著增加。在北京市，入园前一个儿童一年的花费约为4.14万元，幼儿园阶段花费约为5.62万元，小学阶段花费约为7.19万元。上文已对儿童各阶段花费进行了详尽分析，在此不作赘述。

除经济成本外，儿童的成长还需要父母投入大量的时间。儿童的时间成本不仅表现在直接照顾儿童的时间上，而且表现在许多和儿童活动相关的时间分配上，如接送儿童参加课外班和辅导班、辅导家庭作业等。

从整体上看，随着孩子学习阶段不断提高，父母花费的时间成本不断增加。如表4–11所示，在孩子入园前阶段、幼儿园阶段和小学阶段，父母平均每天花费的陪伴时间为5.39h、4.38h和4.83h。分性别角色来看，在孩子成长的各个阶段，母亲对孩子付出的时间成本显著高于父亲。入园前，母亲平均每天陪伴孩子7.15h，父亲的陪伴时间为3.80h；幼儿园阶段，母亲平均每天陪伴孩子的时间为5.11h，父亲的陪伴时间为3.24h；小学阶段，母亲平均每天陪伴孩子的时间为5.39h，父亲平均每天陪伴孩子的时间为3.88h，并且在各个阶段父母对孩子花费的时间成本均存在显著差异。

表4–11　北京市儿童养育成本的时间成本　（h）

时间成本	整体情况			母亲			父亲		
	均值	标准差	样本量	均值	标准差	样本量	均值	标准差	样本量
总体情况	4.85	4.156	1056	5.69	4.741	613	3.69	2.789	443
入园前阶段	5.39	4.592	277	7.15	5.552	131	3.80	2.678	146
幼儿园阶段	4.38	3.695	295	5.11	4.160	179	3.24	2.447	116
小学阶段	4.83	4.130	484	5.39	4.569	303	3.88	3.052	181

从机会成本来看，随着孩子入学阶段的提升，父母付出的工作成本逐渐减少。在孩子入园前、幼儿园和小学阶段父母付出的工作成本得分分别为47.22、45.24和44.01。整体来看，母亲付出的工作成本均大于父亲（见表4–12）。

表4–12　北京市工作成本得分

工作成本	整体情况			母亲			父亲		
	均值	标准差	样本量	均值	标准差	样本量	均值	标准差	样本量
总体情况	45.19	26.377	1056	47.53	25.641	613	41.96	27.063	443
入园前阶段	47.22	26.213	277	48.75	25.414	131	45.84	26.922	146
幼儿园阶段	45.24	26.110	295	47.83	24.961	179	41.23	27.420	116
小学阶段	44.01	26.615	484	46.81	26.188	303	39.30	26.731	181

（二）养育成本的影响因素分析

表4–13所示为北京市生育一孩家庭养育儿童直接成本的OLS模型分

析结果。模型中分别纳入了父亲和母亲年龄、受教育程度、年收入，家庭类型、家庭经济状况，以及一孩性别、年龄和所处的学习阶段等变量。

表4–13　北京市生育一孩家庭养育儿童直接成本OLS模型分析结果

直接成本	系数	标准误
母亲年龄	549.67	–1230.00
父亲年龄	1282.30	–1106.62
母亲受教育程度（参照：高中及以下）		
大学专科/本科	23038.57①	–11343.99
硕士及以上	25769.67②	–13945.00
父亲受教育程度（参照：高中及以下）		
大学专科/本科	–15618.32	–11327.81
硕士及以上	–16705.51	–13452.29
母亲年收入（参照：10万元以下）		
10万～30万元	13870.98①	–6964.22
30万元以上	45788.94③	–10465.39
父亲年收入（参照：10万元以下）		
10万～30万元	10791.44②	–6529.20
30万元以上	54253.19③	–9146.16
职业类型（参照：灵活就业、失业及其他）		
国有或集体单位职工	11867.70	–8616.42
商业服务办事人员	13931.57	–9449.90
农民及生产运输工人	6028.33	–13248.54
家庭类型（参照：非独生子女家庭）		
双独家庭	14621.81①	–6858.82
单独家庭	7315.31	–6329.42
一孩性别（参照：男孩）		
女孩	–906.81	–5258.29
一孩年龄	–2557.87	–1792.73
学习阶段（参照：入园前）		
幼儿园	11855.20	–8672.68

续表

直接成本	系数	标准误
小学	31992.43[①]	–13717.50
照料方式（参照：母亲单独照料）		
父母共同照料	–16523.23	–10474.42
老人及其他人员帮忙照料	–2731.05	–6946.65
教育投资理念	72.88	–2623.48
截距	–43431.07[②]	–23826.16
样本量	1056	
R–squared	0.124	

注：①p<0.05；②p<0.1；③p<0.01。

模型的解释能力为12.4%，具有显著意义。随着父亲和母亲年龄的增长，他们对儿童的经济投入有所增加。母亲受教育程度对儿童养育成本具有重要影响：母亲受教育程度越高，为儿童的经济投入就越高，并具有统计上的显著差异。在控制其他变量的情况下，相对于高中及以下受教育程度的母亲，接受过大学专科/本科教育的母亲为儿童多花费23038.57元，接受硕士及以上受教育程度的母亲为儿童多花费25769.67元。因此，母亲受教育程度越高，为子女花费的经济成本越高。

父母的年收入对儿童养育成本具有显著影响。模型结果（见表4–13）显示，相对于年收入在10万元以下的母亲，年收入在10万～30万元的母亲为儿童多花费13870.98元，年收入在30万元以上的母亲为儿童多花费45788.94元。父亲的收入对养育儿童的经济成本也呈现出相似的结果。相对于年收入在10万元以下的父亲，年收入在10万～30万元的父亲为儿童多花费10791.44元，年收入在30万元以上的父亲为儿童多花费54253.19元。可以看出，父母的经济收入越高，他们为儿童投入的经济成本越高。

从家庭类型来看，双独家庭的父母为儿童投入的经济成本最高。相对于双方均为非独生子女的父母，夫妻双方都是独生子女的家庭对儿童的经济投入多花费14621.81元，并具有统计学上的显著意义。夫妻有一方是独生子女的单独家庭多花费7315.31元，与双方均为非独生子女家庭没有显著差异。

随着儿童入学阶段的变化，儿童所需要的经济成本在不断增加。儿童进入幼儿园阶段，家庭所花费的经济成本比入园前增加了11855.20元，儿童进入小学阶段，相对于入园前增加了31992.43元，并存在显著差异。

综上所述，养育儿童的经济成本受到父母的收入水平、母亲的受教育程度、独生子女家庭类型和儿童所处的学习阶段等因素影响。

在养育儿童的时间成本上呈现明显的性别化。因此本部分分别从母亲和父亲两方面探讨时间成本影响因素。如表4–14所示，对于母亲而言，随着本人年龄的增加，对儿童的时间投入显著增加，回归系数为0.23。随着配偶年龄的增加，时间投入显著减少，回归系数为–0.14。父亲受教育程度增加会显著降低母亲对儿童照料时间的投入。相对于拥有受教育程度为高中及以下的配偶，拥有受教育程度为大学专科/本科、硕士及以上的配偶，妻子每天对儿童的照料和陪伴时间分别减少1.30h和1.79h。

表4–14　养育儿童时间成本的影响因素

时间成本	母亲		父亲	
	系数	标准误	系数	标准误
本人年龄	0.23①	–0.08	–0.04	–0.05
配偶年龄	–0.14②	–0.08	0.09	–0.06
本人受教育程度（参照：高中及以下）				
大学专科/本科	0.88	–0.91	0.26	–0.56
硕士及以上	0.01	–1.07	0.22	–0.70
配偶受教育程度（参照：高中及以下）				
大学专科/本科	–1.30	–0.86	0.51	–0.53
硕士及以上	–1.79②	–0.98	0.05	–0.69
本人收入（参照：10万元以下）				
10万～30万元	–0.11	–0.52	–0.49	–0.33
30万元以上	1.33②	–0.73	–0.30	–0.50

续表

时间成本	母亲		父亲	
	系数	标准误	系数	标准误
配偶收入（参照：10万元以下）				
10万～30万元	0.22	–0.49	0.20	–0.35
30万元以上	–0.51	–0.73	–0.19	–0.89
职业类型（参照：灵活就业、失业及其他）				
国有或集体单位职工	–0.56	–0.65	0.02	–0.48
商业服务办事人员	–1.16	–0.70	–0.09	–0.51
农民及生产运输工人	–0.35	–1.03	0.48	–0.66
家庭类型（参照：非独生子女家庭）				
双独家庭	–0.13	–0.50	0.06	–0.35
单独家庭	0.40	–0.47	0.03	–0.31
一孩性别（参照：男孩）				
女孩	–0.28	–0.38	0.32	–0.27
一孩年龄	–0.05	–0.12	–0.13	–0.09
学习阶段（参照：入园前）				
幼儿园阶段	–2.15①	–0.63	–0.27	–0.45
小学阶段	–2.02③	–0.97	0.71	–0.75
照料方式（参照：母亲单独照料）				
父母共同照料	–0.60	–0.76	1.30③	–0.54
老人及其他人员帮忙照料	–1.13③	–0.50	–0.13	–0.36
教育投资理念	0.30	–0.19	0.18	–0.13
截距	6.78①	–1.86	2.36③	–1.16
样本量	613		443	
R–squared	0.09		0.06	

注：①p<0.01；②p<0.1；③p<0.05。

对于母亲而言，在控制其他变量的情况下，年收入为30万元以上的母亲，相对于年收入在10万元以下的母亲，其时间成本增加了1.33h。随着儿童入园、入学，母亲对孩子的时间花费显著降低。相对于入园前，入园后母亲平均每天减少2.15h陪伴。儿童进入小学后，母亲平均每天减少2.02h陪伴，存在统计学上的显著差异。对于母亲而言，如果有老人或其他人员帮忙照料儿童，会显著降低母亲的时间投入。

对于父亲而言，儿童的照料方式显著影响其时间成本，在控制其他变量的情况下，与母亲单独照料儿童相比，父母共同照料儿童会增加父亲1.30h的照料时间。其他因素未见显著影响，这也体现了在儿童养育成本中时间成本明显的性别差异。

照料孩子对父亲和母亲的工作成本产生了显著不同的影响（见表4–15）。受教育程度较高母亲的工作成本较高。受教育程度为大学专科/本科的母亲比高中及以下受教育程度的母亲，工作成本得分高10.49分，并具有显著差异。对于母亲而言，职业类型不同所带来的工作成本存在显著差异。相对于灵活就业、失业及其他工作类型的母亲，在国有或集体单位工作的工作成本高6.66分，在商业服务业工作的工作机会成本高7.53分，农民及生产运输工人的工作成本高10.21分，并存在统计学上的显著差异。由此可见，儿童照料对母亲而言存在较大的工作成本，有正式工作的女性需要面对家庭与工作平衡的问题。有老人或其他人员帮忙照料儿童，使女性的工作成本显著降低。女性的教育投资理念越强烈，她所付出的工作成本越高。

表4–15　养育儿童工作成本的影响因素

工作成本	母亲		父亲	
	系数	标准误	系数	标准误
本人年龄	–0.03	–0.48	–0.03	–0.52
配偶年龄	–0.21	–0.43	–0.41	–0.58
本人受教育程度（参照：高中及以下）				
大学专科/本科	10.49①	–4.99	0.87	–5.18

续表

工作成本	母亲		父亲	
	系数	标准误	系数	标准误
硕士及以上	10.05②	–5.84	1.65	–6.44
配偶受教育程度（参照：高中及以下）				
大学专科/本科	–6.11	–4.67	6.20	–4.92
硕士及以上	–4.13	–5.36	12.47②	–6.43
本人收入（参照：10万元以下）				
10万～30万元	–2.40	–2.84	–0.01	–3.08
30万元以上	5.18	–4.01	–3.51	–4.64
配偶收入（参照：10万元以下）				
10万～30万元	–0.01	–2.66	–6.01②	–3.27
30万元以上	–4.50	–3.98	6.22	–8.20
职业类型（参照：灵活就业、失业及其他）				
国有或集体单位职工	6.66②	–3.53	0.89	–4.49
商业服务办事人员	7.53②	–3.84	0.80	–4.73
农民及生产运输工人	10.21②	–5.63	12.68①	–6.13
家庭类型（参照：非独生子女家庭）				
双独家庭	–0.74	–2.72	3.77	–3.25
单独家庭	2.55	–2.56	–3.98	–2.93
一孩性别（参照：男孩）				
女孩	0.35	–2.06	–0.19	–2.50
一孩年龄	0.52	–0.68	–0.30	–0.90
学习阶段（参照：入园前）				
幼儿园阶段	–3.64	–3.44	0.31	–4.19
小学阶段	–4.05	–5.28	–1.18	–6.95
照料方式（参照：母亲单独照料）				
父母共同照料	–6.28	–4.14	3.38	–4.99

续表

工作成本	母亲		父亲	
	系数	标准误	系数	标准误
老人及其他人员帮忙照料	−7.88③	−2.75	3.14	−3.34
教育投资理念	5.81③	−1.07	7.96③	−1.19
截距	51.47③	−10.12	50.35③	−10.69
样本量	613		443	
R−squared	0.086		0.157	

注：① $p<0.05$；② $p<0.1$；③ $p<0.01$。

对于父亲而言，受到孩子母亲的受教育程度和收入的影响，他们的工作成本有所变化。父亲的教育投资理念越强烈，他们所付出的工作成本越高。相比而言，母亲在养育儿童的过程中，对其工作的影响更大，付出的工作成本也较高。

第四节　结论与讨论

本研究从经济成本、时间成本和工作成本三个方面，分析北京市儿童养育成本数据发现，2018年，北京市家庭养育一个孩子在入园前阶段、幼儿园阶段和小学阶段分别平均每年花费4.14万元、5.62万元和7.19万元。入园前阶段，儿童的日常饮食占比最高（28.65%）。幼儿园阶段，托儿保育费用占比大幅提升，约占总花费的30%。在小学阶段，教育培训费用占比显著增加，约占总花费的1/3。与此同时，外出旅行费用约占总花费的1/4，这一比例随儿童成长阶段变化而大幅增加。在家庭中有0～12岁的儿童，母亲每天育儿时间成本平均为5.69h，父亲的时间成本平均为3.69h。儿童各成长阶段，母亲付出的工作成本显著高于父亲。

在家庭育儿成本的影响因素方面，有以下几点发现：①家庭对儿童养育经济成本的投入受到家庭经济条件的正向影响。与此同时，随着母亲的受教育程度提高和儿童接受教育阶段的提高，儿童养育的经济成本显著增加。②在儿童养育的时间成本方面，母亲付出的时间成本显著高于父亲；母亲育儿的时间成本随儿童教育阶段的提高显著降低；儿童的不同成长阶段，母亲均要付出较多的时间成本，有老人或他人帮忙照料能够显著降低母亲的时间成本。③在儿童养育的工作成本方面，母亲也付出了比父亲更多的工作成本；对于有正式工作的职业女性而言，她们需要付出较高的工作成本；有老人或他人帮忙照料能够显著降低她们的工作成本；母亲的受教育程度越高，父母对教育投资理念越强烈，显著提高了他们的工作成本。

基于本研究得到的结论，以下问题依然值得进一步探讨。

第一，儿童养育成本越来越高，需要国家给予一定的社会支持。儿童养育成本不断攀升，儿童入园前、幼儿园和小学阶段的养育成本呈现增长趋势，而这些成本均由家庭来承担。养育儿童的成本过高导致人们生育意愿下降，对一些家庭来说，养育一孩的经济成本基本占家庭收入的一半，他们带来较大的经济压力和照料压力，两孩渐渐成为富有“余力”后的一种选择。因此，需要国家从育龄人群的需求角度考虑，为其提供减轻养育成本的生育支持政策。例如，儿童的医疗保障和教育问题是育龄人群最为关注的问题，如何有效化解家长在生育决策中的忧虑，为其提供保障，是国家需要重点考虑的问题。

第二，不断攀升的教育和旅行费用触发了家长的“育儿焦虑”。从养育成本的具体构成来看，儿童的教育花费和外出旅行花费随着他们成长阶段的变化逐渐增加，所占总花费的比重也显著提升。这一现象体现了家长更注重孩子的素质培养、精神追求和长远发展。研究发现，儿童学校课外教育消费呈现阶层化差异。中产阶级家庭更重视孩子的课外教育，并重点培养其文化品位和艺术修养（林晓珊，2018）。通过分析课题访谈资料，还发现家长“被迫”选择课外班的现象。当身边的大多数家长都在为孩子的补习班、课外班、暑期游学忙碌的时候，即使经济并不宽裕的家长也不忍心让孩子“落后”，为孩子报名参加。养育成本的不断攀升，背后是家长无形的“育儿焦虑”。但是，当大城市中已经形成如此育儿氛围后，身在其中的家长和孩子也很难逃离这样的“育儿网”。家长为了孩子的未来“购买希望”，负重前行。面对如此现实状况，2021年7月24日，中共中央办公厅、国务院办公厅印发《关于进一步减轻义务教育阶段学生作业负担和校外培训负担的意见》（以下简称“双减”政策）。在实施“双减”政策时对课外班进行细致管理，防止过重的课外学习影响儿童的健康成长，为家庭减轻一定的经济负担。对于儿童来说，课外学习和活动可能会占用他们童年的玩耍时间，但是接触更多元的活动、知识和新鲜事物，能够激发他们更大的潜能。在适当的课外学习和活动安排下，对儿童成长具有积极作用。

第三，女性工作成本需要国家、单位和个人共同承担。生育成本的问题得到社会的广泛讨论。不断增长的生育成本、父亲在育儿过程中的缺失、生育对职业的影响等，都导致了女性生育观念的变化——推迟或者拒绝生育。在养育孩子的过程中，女性承担较高的时间成本和工作成本。无论何种职业的女性都承担着较高的工作成本，这也是造成女性家庭—工作难以平衡的重要原因。解决这一困境最好的方法是将儿童养育成本由国家、单位和个人共同分担。国家应通过加强平衡劳动者与用人单位利益的制度设计来完善生育保障政策，以疏解生育压力（宋健等，2016）。目前，在全面三孩政策背景下，各省市已经纷纷出台新的人口与计划生育条例，不同程度上延长了产假、护理假。部分地区尝试实施“共同育儿假”。在一定程度上为女性育儿提供支持和保障，同时考虑到男性在家庭育儿中的参与作用。虽然这些措施对于降低儿童养育成本尚有一些距离，但是从政策导向和趋势来看，已经在朝着有利于构建生育友好型社会的方向迈进。

本研究仍存在不足之处。第一，对儿童养育成本的估计只是从入园前、幼儿园和小学阶段进行统计，对于12岁以上子女的养育成本缺乏数据调查。12岁及以上的儿童，甚至是上大学、结婚前的子女仍然会对父母存在经济依赖，需要父母付出时间和精力。第二，本研究仅分析了北京市的生育成本，只能作为大城市养育成本的缩影。对于其他中小城市来说，儿童养育成本存在差异，影响儿童养育成本的因素也不尽相同。因此，在未来的研究中仍需要进一步补充完善数据，从全国层面探讨养育成本问题，更为全面地分析全面三孩政策背景下的养育成本。

第五章　东北三省的生育支持政策

东北三省的低生育率现象由来已久，可谓“冰冻三尺，非一日之寒”。早在1980年，全国总和生育率为2.31，辽宁省和吉林省分别为1.71和1.88，均明显低于更替水平。而黑龙江的总和生育率为2.08，大体等于更替水平（李若建，2016）。长期超低生育水平导致人口老龄化与劳动力短缺日益严重，这无疑使经济低迷、人口不断外流的东北三省雪上加霜（孙晓霞等，2021）。2020年第七次全国人口普查数据显示，东北人口规模出现负增长，东北三省人口仅为9851万人，比2010年减少近1100万人。在如此人口现状下，需要了解东北三省现有生育支持政策，并对东北三省的育龄人群进行访谈，了解其生育需求和生育意愿，为更好地提振东北三省生育率提供参考依据。

第一节　东北三省生育支持政策情况

本节从现有辽宁省、吉林省和黑龙江省的相关文件中梳理目前各省实施的生育支持政策。

一、辽宁省是生育支持政策的“先行者”

《辽宁省人口与计划生育条例》（2016年修正）在构建生育两孩家庭支持政策方面规定，省、市、县政府应当完善生育家庭教育、社会保障、住房等政策，推动落实国家税收优惠政策，减轻生育两孩家庭负担；考虑到两孩家庭的养育和教育负担，对生育两孩家庭给予支持，对其入托、入学给予适当补贴。各级政府建立生育支持、幼儿养育支持等配套措施，合理固化配置儿童照料、学前和中小学教育。鼓励社区开展幼儿园照护志愿服务，发展家庭服务业，加快培养月嫂和育儿嫂，推动政府、机构、社区和家庭形成婴幼儿照护合力。

《辽宁省人口发展规划（2016—2030年）》提出有效落实全面两孩政策，完善两孩配套措施。建立完善包括生育支持、幼儿养育等全面两孩配套政策。完善生育家庭税收、教育、社会保障、住房等政策，探索对生育两孩家庭给予更多奖励政策，减轻生养子女负担。完善配偶陪产假制度，给有生育计划的家庭更多便利和服务。这是中国实行计划生育政策近40年来，第一次从省级政府层面出台的奖励生育政策。从全国范围来看，辽宁省是探索生育支持政策的先行者。

在全面三孩政策背景下，《辽宁省人口与计划生育条例》（2021年修正）提出配套实施积极生育支持政策。一是完善规划、土地、住房、财政、金融、人才等方面支持措施，推动建立普惠托育服务。二是加大对婴幼儿家庭照护的支持力度，除享受国家规定的假期外，产妇配偶享有护理假20天，子女不满3周岁的夫妻每年分别享受累计10天育儿假，休假期间工资照发，福利待遇不变。支持社区托育服务设施建设，鼓励和引导社会力量兴办托育机构。三是对有未成年子女的家庭在住房上进行差异化租赁和购买房屋的优惠政策。四是医疗卫生机构开展围孕期、孕产期保健服务，承担优生优育、生殖保健的指导服务。五是禁止非医学需要的胎儿性别鉴定和选择性的人工终止妊娠。

辽宁省增加支持生育的条款内容，对最大限度激发生育潜力，促进人口长期均衡发展十分迫切和必要。

二、黑龙江省为边境地区居民提供较为宽松的生育环境

为了促进人口均衡发展，保障边境地区人口安全。在全面两孩政策背景下，《黑龙江省人口与计划生育条例》（2016年修正）规定除少数民族和

特殊家庭外，夫妻双方均为边境地区居民，在依法生育两个子女基础上，可再生育一胎子女。其中边境地区包括漠河、塔河、呼玛、黑河市爱辉区、孙吴、逊克、嘉荫、萝北、绥滨、同江、抚远、饶河、虎林、密山、鸡东、穆棱、东宁、绥芬河共计18个边境县（市、区）。对于边境地区的居民，他们享受的是三孩政策，在相对宽松的生育环境中，期待释放更大的生育潜能。

全面三孩政策实施后，《黑龙江省人口与计划生育条例》（2021年修正）对生育的支持体现在：女职工享受产假180天，男职工享受护理假15天，用人单位每年给予3岁以下婴幼儿的父母各10天育儿假，假期工资照发。市级和县级人民政府对依法生育第二个以及以上子女的家庭应当建立育儿补贴制度；边境地区、革命老区育儿补贴可以高于全省平均水平。县级以上人民政府应当建立普惠托育服务体系，提高婴幼儿家庭获得普惠服务的可及性和公平性等方面的措施。

黑龙江省委、省政府印发《关于优化生育政策促进人口长期均衡发展的实施方案》，提出构建生育友好环境，降低生育、养育、教育成本。各地要结合本地实际，采取住院分娩补助、0～36月龄的婴幼儿家庭育儿补贴等方式，给予依法生育第二个以及以上子女家庭育儿补助，落实育儿补贴制度。发放育儿补贴具体办法由各市县政府制定，省级财政可以给予适当补助。此外，还应进一步完善和落实房地产调控措施，研究制定积极支持生育的住房政策措施。建立完善普惠托育服务体系。以建立逐步满足社会需求的托育服务供给体系为核心，健全完善有利于托育服务发展的政策支持、服务管理、综合保障体系。建立健全覆盖全生命周期的人口服务体系。以“一老一小”为重点，加强基层服务管理体系和能力建设，增强托育功能和公共服务水平。

三、吉林省给予子女入学、就医方面适当的经济支持

在全面两孩政策背景下，《吉林省人口与计划生育条例》（2016年修正）中除规定延长婚假、产假、配偶护理假外，还增加了“子女16周岁以前

入托（园）、入学、就医等，其费用由父母所在单位根据情况给予适当补助”，在经济上给予一定的支持。吉林省也规定已经生育两个子女，户籍及居住地在边境县（市、区）的夫妻可以再生育一个子女。

随着全面三孩政策实施，《吉林省人口与计划生育条例》（2021年修正）提出“县级以上人民政府应当建立育儿补贴制度，不断完善促进生育的配套支持措施”。省级财政根据各地制度实施情况给予适当补助。支持有条件的地区或企业事业单位设立父母育儿假；子女16周岁以前入托、入园、入学、就医等，其费用由父母所在单位根据情况给予适当补助；对边境线一定范围内有新生儿出生的家庭，按照吉林省有关规定给予奖励；女职工经本人申请，单位同意，可延长产假至一年，产假延长期间工资按原额的75%发放，不影响调整工资、晋升级别、计算工龄。

2021年12月20日，吉林省委、省政府印发《关于优化生育政策促进人口长期均衡发展实施方案》（以下简称《方案》）。在《方案》中，涉及生育支持的内容主要有：

（1）修订完善产假等制度。在国家98天产假基础上，按政策生育女职工产假增至180天，男方护理假在15天基础上增至25天。选择有条件地区或企事业单位，率先实行父母育儿假试点，实施按政策生育的夫妻，在子女3周岁前，每人每年休20天育儿假。《方案》强调，争取将吉林省纳入父母育儿假试点省份。

（2）支持托幼育协同发展。综合学龄前儿童入园需求、办园条件及学制结构等因素，鼓励有条件的幼儿园开设托班，招收2～3岁幼儿，推动托幼育协同发展。

（3）实施生育奖励政策。支持各地依据现行普通公办托育机构缴费收费标准，对按政策生育两孩、三孩家庭，在子女3周岁或6周岁前，给予一定比例的激励奖励，省级财政将根据情况给予适当补助。

（4）提供婚育信贷支持。支持银行机构为符合相关条件的注册结婚登记夫妻最高提供20万元婚育消费贷款，按生育一孩、两孩、三孩，分别给予不同程度降息优惠。

（5）全面放开城市落户限制。全面放开全省所有城市落户限制，省外户籍夫妇按政策生育子女在吉林省落户的，即可获得市民待遇。

（6）减免增值税、企业所得税。按政策生育两孩、三孩夫妻创办小微企业，对月销售额15万元以下的增值税小规模纳税人，免征增值税；对年应纳税所得额不超过100万元的部分，减按12.5%计入应纳税所得额，按20%的税率缴纳企业所得税；对年应纳税所得额超过100万元但不超过300万元的部分，减按50%计入应纳税所得额，按20%的税率缴纳企业所得税。

无论是国家法律还是各省市的地方条例都在积极营造生育友好型社会，为育龄人群提供较为宽松的生育环境，部分省市在生育过程、养育过程、子女入学、就医和住房、税收中给予一定的经济支持。以上政策对育龄人群来说是非常必要的，要真正了解政策的实施效果还需要进一步从育龄人群的具体情况展开讨论。

第二节　基于吉林省的实地调研

在全面两孩政策背景下，课题组于2019年7月在吉林省长春市进行实地调研，调研对象包括医院、国企事业单位和私企。本研究试图从医院、用人单位和育龄人群三方视角了解东北三省育龄人群的生育意愿、生育需求以及生育支持政策等状况。

一、医院视角

课题组从吉林省妇幼保健院了解吉林省的生育状况，特别是两孩的生育情况。参与座谈的人员包括妇幼保健院的院长、信息科主任、护士长和护士等医务工作者。

（一）全面两孩政策后，吉林省出生人口数未升反降

在访谈中，据吉林省负责出生婴儿登记的刘主任介绍，与2017年相

比，2018年吉林省出生人口下降13.94%。2019年上半年出生约7.6万人，2019年上半年与2018年上半年持平，性别比较为平衡。为防止政策放开后生育人数过多，医院提前做应对准备，但是出生人数未达到预期效果，未出现床位紧张的现象。总体来看，全面两孩政策后，吉林省出生人口数未见明显上升。

（二）吉林省育龄人群的生育意愿较低，出生人口中两孩比例约为50%

吉林省育龄人口生育两孩的意愿较低。有些年轻人结婚意愿低，结婚了想“丁克”，连一孩都还没有生，两孩更是遥遥无期了。年轻人也面临着较大的经济压力、照料压力。

（三）35岁以上的女性生育两孩比例较高，医院提倡自然分娩

访谈中了解到，吉林省35岁以上女性生育两孩的比例较高。在医学上，生育年龄在35岁以上的被定义为高龄产妇，她们的身体机能开始变差，代谢变慢，出现产后出血、糖尿病、妊高征及并发症的风险增高。特别是一孩为剖宫产的女性，在生育两孩时的危险性会更大。为了避免女性生育两孩遭遇不必要的风险，医院视产妇的身体条件决定分娩方式，在有条件的前提下提倡自然分娩。医院也非常重视母婴的健康状况，妇幼保健院的自然分娩率约为40%。

（四）两孩妈妈的产检态度存在两极分化

有些女性在生完一孩后认为自己有生育一孩的经验，在生育两孩的时候就有所放松，在产检和补叶酸方面都不够重视。对于部分高龄生育两孩的产妇，由于其年龄和身体的原因，产检和注意事项应多一些，产妇自己也会更注重健康问题。

（五）医院配备生育营养指导培训基地（孕妇学校）对孕妇进行指导

吉林省妇幼保健院下设吉林省第一家门诊生育营养指导培训基地（孕

妇学校）。目前开设产前指导课程，主要为孕妇讲解自然分娩和剖宫产的相关知识及其利弊，指导产程的进展。准爸爸也可以参与学习，了解孕期保健、育儿知识及产后42天访视等内容。同时，孕妇学校还开设孕妇心理咨询门诊，进行产前和产后心理疏导。医院开设早教班，参照国家的标准进行收费，为育儿提供便利。

（六）集中全省优势资源，开设高危产妇绿色通道

全面两孩政策背景下，高龄产妇逐渐增多，为保障全省的高龄产妇与婴儿的安全，吉林省在长春市筛选出抢救能力强的医院与各市进行匹配，启动“五色”调配管理机制。一旦产妇出现问题需要转院，就开启绿色通道，直接送到对应的大医院，确保及时抢救，提高效率，降低死亡率。

总体来看，在全面两孩政策下，吉林省出生人口数未出现激增。育龄人群生育意愿偏低，生育两孩的女性以35岁及以上高龄产妇居多。为确保产妇和胎儿的安全，吉林省提倡自然分娩、重视产前检查、加强孕产知识的普及、开通高危产妇绿色通道。同时，也在尝试办理托育及早教机构，解决0～3岁婴幼儿的照料与教育问题。

二、用人单位视角

本次调研两家企业，一家为大型国有企业，属于本市代表性企业之一，现有员工18000多人；另一家为私企，主要经营家居用品，公司实际员工128人，其中女员工30人，公司目前管理1234户商户，包括商户、导购、物流等在内共有3000多人（其中不包括清洁等工作人员）。本次在两家企业中共访谈了4位中层领导，3位来自国企，1位来自私企。其中，3位女性，1位男性。被调研企业中层单位员工基本情况见表5-1。

（一）企业员工生育两孩的比例较低，单位领导较为支持员工生育两孩

总体来看，大部分员工生育了一孩，生育两孩的比例较低。国企部门的主管（B部门，男性，32岁）和私企部门的主管（D部门，女性，29岁）

表5–1 被调研企业中层单位员工基本情况

企业性质	部门	基本情况
国企	A	部门现有101人，其中，女性27人。35岁以下女职工有10人，有1人（38岁）生育两孩
	B	部门有1600多人，女性200多人，生育两孩的女职工不超过20人，有两孩的男职工不超过100人
	C	部门总共350人，女性100人左右。大部分员工生育了一孩，生育两孩的员工有7～8人
私企	D	现有员工128名，其中女员工30名。在已婚的员工中，有2位员工生育两孩，2位员工是“丁克”，其他员工生育一孩

都非常支持员工生育两孩，他们表示单位会按国家和省里的政策给员工产假、哺乳假及陪产假，不会克扣假期。同时，国企C部门的领导（女性，42岁）也表示出她的担心，从单位角度考虑，员工生育两孩会涉及工作安排调整，产生一定成本，对企业来说存在一定的压力。但是，从长远考虑，生育两孩有利于社会发展，会鼓励和支持他们的生育决定。A部门领导（女性，33岁）认为“生育两孩是一个比较有负担的事情”，生育后女性或多或少有所偏向家庭，担心生育两孩会对工作产生影响。作为领导，虽然从企业和部门发展来说，担心员工生育带来的负面影响，但是从单位政策和领导的个人情感来说，都表示支持员工生育两孩。

（二）企业按照国家和省里的政策执行产假，充分考虑员工需求，适当调整支持力度

国企的领导表示员工的产假按照当时国家标准及省里的政策进行执行，女职工产假总共158天，男职工陪护假是15天。2018年，单位结合《吉林省人口与计划生育条例》（2016年修正）规定，在不影响部门整体工作，领导同意的前提下，产假可以延长到一年。延长产假期间的工资按照正常工资的80%领取。哺乳假的时间比较充裕（上午和下午各一小时）。有的员工单位离家比较远，上午不方便回去，下午就提前两小时下班。关于生育保

险，女职工如果生育两孩，能报4万多元，男职工大概能报2700元。怀孕的女职工可以提前报给单位，单位会适当减少其工作量，但不会进行调岗，不会降低工资收入等。产后可以正常返岗，也可以根据自身情况主动向单位提出调岗。单位充分考虑员工需求，灵活处理。

私企在员工产假方面也是按照国家和省里的规定执行的。员工怀孕初期一般会向公司报备，领导会酌情减少她的工作量，因为要给她足够的产检和休息时间。单位也针对哺乳期的女性给予她们一定的弹性工作时间。如果女性中午回家哺乳，中间休息时间会多一个小时；正常情况下，单位有一个半小时午休，哺乳期女性有两个半小时的休息时间。也可以选择早上晚来一个小时，或者晚上提前一个小时下班。给予生育女性充分的自主安排哺乳时间的自由。

（三）企业营造友好的育儿环境，为员工育儿提供便利设施

被调研的国企单位设立“妈咪屋”，为哺乳期女性哺乳提供方便。被调研的私企在单位的每个楼层准备了母婴室，在女洗手间旁边。受到空间限制，虽然有点小，但是也为很多女性提供了便利。此外，私企单位还给小朋友设计了“未来星”。位置在办公楼层的中心位置，在众多办公室的“环抱”之内，通往办公区的通道只有一个，防止孩子走丢。“未来星”是单独的一间房间（约30平方米），设有座椅、书本、玩具和零食。这是由企业及商户共同营建的，有些物品是商户自愿提供的。这里所用的东西，全都是最环保的。墙面用的是纯纸壁纸，贴纸胶是糯米胶。由于企业性质属于商场，周末都会上班，家中有孩子又缺乏老人帮忙带的员工就可以将孩子带到这里。单位也会有人帮忙照看小朋友，可以保证他们的安全。在很大程度上解决了周末上班又没有人带孩子的困境。

（四）用人单位会给生育的女性提供时间适应新角色，希望国家在教育和医疗上给予支持

女性休完产假返回工作岗位，她们的工作不会有变化，都会保留原职位。女性做母亲后，其身心会有一个调整期，以便慢慢适应新角色以及家

庭与工作的平衡问题。用人单位也会充分考虑这一点。平时家里有事，如孩子生病、打疫苗等需要请假，无论是男性还是女性都会被允许。员工只有处理好家里的事情，才会在工作岗位上安心工作。用人单位领导非常理解员工养育孩子过程中的困难，用人单位会尽可能为员工育儿提供方便与支持，也期待国家在教育和医疗方面给予育龄人群更多的支持。

三、育龄人群视角

（一）被访者基本情况

课题组在吉林省的调研选取了长春市的国企和私企分别进行访谈，力求通过考察不同单位性质企业员工的生育状况和生育需求，了解育龄人群在生育方面的诉求和所需政策支持状况。本次调研27位企业员工，15位来自国企，12位来自私企。其中18位女性，9位男性。年龄区间为25～42岁，11位访谈对象具有本科及以上受教育程度。其中，4人为企业中层领导，22人为普通员工，1人为临时工。从生育状况来看，20人已育一孩，6人已育两孩，1人暂未生育。吉林省长春市访谈对象基本情况见表5-2。

表5-2　吉林省长春市访谈对象基本情况

序号	编码	性别	年龄/岁	受教育程度	职业	生育状况
1	CF001	女	33	本科	企业工会主席	已育一孩，男孩，4岁
2	CF002	女	33	本科	企业基层员工	已育两孩，两个女孩，7岁，1岁半
3	CF003	女	36	本科	企业基层员工	已育一孩，女孩，8岁
4	CF004	女	40	本科	企业基层员工	已育两孩，两个男孩，12岁，3岁
5	CF005	女	39	大专	企业静压员工	已育一孩，男孩，12岁
6	CF006	女	36	本科	工会主席	已育一孩，女孩，4岁

续表

序号	编码	性别	年龄/岁	受教育程度	职业	生育状况
7	CF007	女	35	本科	技术部员工	已育两孩，一男一女，6岁，1岁
8	CF008	女	42	研究生	工会主席	已育一孩，女孩，13岁
9	CM001	男	28	大专	企业基层员工	已育一孩，男孩，1岁9个月
10	CM002	男	31	大专	企业基层员工	已育一孩，女孩，5岁
11	CM003	男	32	本科	车间主管	已育一孩，女孩，4岁
12	CM004	男	29	本科	生产部工人	已育两孩，一女一男，13岁，半岁
13	CM005	男	32	大专	生产部工人	已育两孩，一男一女，7岁，2岁
14	CM006	男	34	高中	生产部临时工	已育两孩，一男一女，12岁，5岁
15	CM007	男	33	大专	生产部工人	已育一孩，男孩，3岁10个月
16	ZF001	女	25	高中	家居店导购	已育一孩，男孩，6岁
17	ZF002	女	32	本科	家居市场会计	已育一孩，男孩，6岁
18	ZF003	女	26	中专	商户销售员	已育一孩，女孩，3岁
19	ZF004	女	39	大专	企业基层员工	已育一孩，男孩，13岁
20	ZF005	女	34	高中	家具销售	已育一孩，男孩，12岁
21	ZF006	女	38	中专	财务	已育一孩，女孩，6岁
22	ZF007	女	31	大专	设计	已育一孩，男孩，5岁
23	ZF008	女	28	本科	行政秘书	新婚暂未生育
24	ZF009	女	27	初中	导购员	已育一孩，男孩，6岁
25	ZF010	女	29	大专	导购员	已育一孩，男孩，3岁
26	ZM001	男	30	大专	平面设计	已育一孩，女孩，1岁8个月
27	ZM002	男	32	本科	财务	已育一孩，女孩，5岁

（二）关注女性的生育之痛与产后抑郁

本次调研重点了解了育龄人群的生育过程，主要包括生产方式、“坐月子”情况以及产后恢复等。从生命历程理论来看，女性一孩生育的经历及感受直接影响她们生育两孩的意愿。女性在怀孕及生产时是其最为脆弱的时期，最需要家人及社会的关怀，但目前部分家庭和社会暂未给予足够的重视。产妇生育后，受到身体激素水平的影响，可能发生产后抑郁。如果在月子中没有得到有效调节，很容易对其个人、家庭产生不良影响。

1. 关注女性的“生育之痛”

本次调研发现，有的被访者认为，剖宫产是一种更为“安全”“保险”的生产方式。在生产方式上，CF006根据自己的身体条件，结合医生和家人的意见，综合考虑后选择了剖宫产。

> “当时我爱人、公公婆婆和其他家人都认为剖宫产比较靠谱，我公公是医院退休的，他说我这个年龄（32岁）生第一胎会有危险，而且我产检的时候孩子也比较大。后来有些女同事也说，自然分娩会出现一些后遗症。我剖的时候就很顺利，包括刀口长得非常好，也没让别人伺候过，生完孩子的各项指标也很正常。生产之前也看书了解过，还是相信现在的医学。”（资料来源：CF006）

根据世界卫生组织在2010年的调查显示，中国的剖宫产率高达46.2%，位居世界第一。然而，国际上设定的剖宫产率的正常范围在10%～15%，中国远远高于此水平。该调查显示，中国有25%的剖宫产并不是出于医疗需要，是可以避免的，即每年有将近500万例的剖宫产其实可以自然分娩（范燕燕等，2014）。在全面三孩政策影响下，越来越多的女性可能生育两孩、三孩。如果一孩采用剖宫产的生产方式，容易产生瘢痕子宫，影响两孩、三孩生育。为了减少再次生育的风险，保证女性健康，国家也在大力提倡自然生产。相较于剖宫产，正常情况下，自然生产的女性产后恢复更快。因此，孕妇应在专业医生的建议下选择合适的生产方式，确保安全生产。

生育之“痛”也是很多女性在生产过程中难以挥去的记忆。无论是自然生产还是剖宫产的女性都表示，生产是一个很痛苦的过程，但是“痛并快乐着”。对于剖宫产的女性来说，可能由于个人体质或麻药药量不够等问题，生产中只能忍着疼痛。即使是十多年前经历的事情，现在回忆起来，还是有疼痛的感觉。

> “我也不知道是我体质的问题还是怎么着，剖宫的时候打麻药，（麻药）还没有发挥作用，就动刀了，（手术时）特别疼，要疼死了。后来追麻药也没什么用了，感觉都快生完了。”（资料来源：CF008）

整体来看，女性的分娩过程或多或少伴随着身体的疼痛和内心的担忧，大部分女性都表示对这种“疼痛”可以忍受。2018年开始，在全国范围内开始推行无痛分娩，这无疑为“怕疼”的女性带来了福音。怀孕生孩子应是无比幸福的事情，最大限度减少母亲的疼痛也是医学一直努力的方向。

2. 不可忽视女性产后抑郁问题

我国产妇的产后休养也称为“坐月子”。从社会学和医学角度来看，“坐月子”是协助产妇顺利度过人生生理和心理转折的关键时期。访谈中发现，女性“坐月子”的选择主要有在家中和去月子中心两种方式。目前，越来越多的女性选择去月子中心“坐月子”，认为这样更有利于产后恢复。

产后恢复可以分为身体的恢复和心理的恢复。大多数女性表示在月子中，身体恢复都挺正常的。在心理和情绪上存在一些波动，有的女性只是轻微的心情不好，容易发脾气、流眼泪。

> “‘坐月子’身体上没有什么，但就是会烦躁，比如以前我老公也抱孩子拖地，那就是有时候看着来气，有时候还掉泪。但现

在想想其实人家做的一点毛病都没有，可那会儿就觉得有毛病。这种情况基本上持续了两三个月吧，后来就慢慢好了。”（资料来源：CF006）

“我身体恢复还挺正常，但是心理上就不好。尤其是初期，剖宫产恢复比较慢，前半个月我觉得身体太虚弱了。怀孕期间还觉得特别好，很幸福。但生完之后觉得激素一下子就下来了，情绪一下子就很低落，烦躁，容易哭，可能有点产后抑郁。不过这估计也是因为我妈妈没在身边，可能我妈妈在身边就好多了。这种情绪发泄给先生的也很少，反正我这人不太会发泄给别人。大概出了月子就好一些了，随着身体的恢复，就慢慢好了。”（资料来源：CF008）

产后抑郁是一种较为普遍的现象，如果及时进行调整，随着身体激素水平恢复正常，烦躁情绪也会随之消失。较为严重的产后抑郁需要及时寻求医生的治疗，避免产生严重后果。

“（我）生产后睡眠也一直很不好，严重到掉头发，还一直瘦，脾气很大，想发火，刚开始去看中医，说的是肝火旺，一直不好。后来去看心理医生，才知道是产后抑郁，开始做心理疏导。去年才发现的产后抑郁，那时想得最多的就是真的不想活了，然后也想跳楼，我就想要是摔不死该多疼，小孩要不要带着一起，万一我死了他还没死怎么办，等等。然后觉得心里面特别烦，后来做了心理疏导，（去年）下半年就没这么想了。”（资料来源：ZF007）

从男性视角来看，妻子的产后情绪需要采取一定的方式进行疏导和调节。在此期间，男性的情绪也需要一个慢慢适应和调整的过程。

“（妻子）可能是与外界接触少，或者是在家整天带孩子，整天在家待着难受，有的时候就有脾气。我一般趁着休息的时候，带她出去吃个饭看个电影，溜达溜达就能好一些。但是到后期的时候，我可能有一些烦躁，但是经过磨合，多一点沟通就好多了，我也有一个调整的过程……有孩子之后矛盾特别多，可能是她在家看孩子而我不在家，我体会不到那种照看孩子的累，所以回家之后可能是说错了哪句话，就刺激她的神经了，她就会有一些情绪。但是孩子一岁多的时候，她上班之后就好了。”（资料来源：CM003）

（三）老人是照料孩子的重要帮手

访谈中发现，大部分家庭都有老人帮忙照料孩子。特别是两孩家庭，老人的照料对他们来说尤为重要。如果双方父母都能帮忙照料孩子，对育龄人群来说，养育孩子的负担会减轻很多。有的年轻父母认为，“现在大部分生孩子就是给老人生的”，自己只负责生下孩子，他们的父母包揽了一切照料的工作。有的女性表示，自己不愿意生育两孩是因为一孩都是老人帮忙带大，现在父母年纪大了不能帮忙照料，自己也没有勇气生育并照料两孩。

“奶奶、外婆都能帮忙照料孩子。我家孩子平常在自己家待一周，然后在他奶奶家待一周。在自己家住的时候，就是孩子外婆负责接送，在他奶奶家住的时候是奶奶负责。现在大部分人生孩子不就是给老人生的吗？”（资料来源：ZF002）

家中没有老人帮忙照料的家庭，女性休完产假后只能请保姆照料孩子。目前，保姆照料孩子，只能照料孩子的基本安全。部分保姆来自农村，没有受过专业的育儿知识培训，很难起到科学育儿的作用。一些家长反映，有的保姆对孩子没有耐心，或是经常使用粗鲁的语言，让孩子养成不良的语言习惯。保姆刚开始单独照看孩子的时候，家里会装监控，在上班之余看看家里发生的情况。一般情况下，母亲在看完监控后会发现照料中的问题。但是，考虑到个人实在没有办法兼顾工作与照料孩子，又不得不依靠保姆。对于实在不能容忍的情况，才会选择更换保姆。频繁更换保姆，也担心对孩子产生影响。对于家长来说，每次挑选保姆都会非常谨慎，需要多观察一段时间。

一般而言，在长春聘请全职照料孩子的保姆每月的费用为3000～5000元。对于收入不高的女性来说，这基本上就是她们一个月的工资。因此，一些女性选择怀孕后辞职，自己照料孩子，等孩子上幼儿园或者小学后再重新回归职场。

> “（怀孕）之前有工作，怀孕之后就离职了。孩子两岁左右，（我）才来这（家公司）工作。觉得生完孩子找工作不难，现在的工作比以前的那个工作还好。财会比较好找工作，加上之前的工作经历，单位也愿意找已婚已育的人来。”（资料来源：ZF002）

（四）家庭工作平衡中的性别差异

以往的研究中，“家庭—工作”平衡主要在女性群体中讨论。在本次访谈中，同时针对男性和女性共同探讨“家庭—工作”平衡的问题。研究再次证明，在家庭工作平衡的问题上，存在明显的性别差异，母亲对育儿和家庭的付出远远多于父亲。

女性承担着生育的责任，当女性准备怀孕阶段就会根据身体状况调整工作内容，或者更换工作。例如，有的女性的工作环境对身体会产生有害影响，为了避免在孕期影响自己和胎儿的健康，需要提前申请调换岗位或者辞职。

> “我原先是干电焊的，电焊（会产生）毒气，然后就害怕（影响胎儿健康）。为了孩子我必须这么做（跟单位请假），因为一家就一个孩子，你要整出个病孩子怎么办。生完孩子回来就调岗了，现在干的是静压。”（资料来源：CF005）

“我们这边怀孕了就得辞职，不是因为老板（要求），主要是这边卖家具嘛，比较辛苦，有时候可能还要搬运家具，而且家具还有气味，对孩子不好。我身边没有人在这里经历完整的怀孕生产过程，基本都是一怀孕就辞职了。”（资料来源：ZF001）

当代女性除希望家庭幸福美满外，在事业上也有所追求。若想同时满足“生育”“升职”的愿望，就需要付出更多的精力与时间。CF006女士属于单位领导，在怀孕与休产假期间也不能“失联”，必须保持手机畅通，在家照顾孩子的同时也需要通过电话远程指导工作，承担起工作的责任。ZF004女士在私企工作，因生育遭遇换岗，只休了两个月产假，便回归职场。ZF005女士在孩子上小学后才重新进入职场。这些案例，一方面反映出女性在职场中仍然存在一定的弱势地位，另一方面也表现出女性在工作中需要付出更多的努力。

“休产假期间，单位也一直在保留（工会主席）这个位置，就是你需要在这个时间尽可能保持电话畅通，有什么问题可以电话联系。你要是带孩子，你今天也不去，明天也不去，那你这个威信力就不行了啊，群众基础就没有了啊。”（资料来源：CF006）

“单位给予3个月产假，但自己只休息2个月，希望能尽快投入工作，产假期间只给基本工资。生产之前是总经理秘书，因为生育遭遇换岗，自己被调到后勤部，相对前一个工作岗位，工资上涨了。单位比较人性化，比较照顾女性。”（资料来源：ZF004）

“结婚了以后没有（继续）工作，准备要孩子。生完孩子在家待了一段时间，我家孩子好几岁了才工作，但是那些工作也都是临时的，大部分的精力都在家庭……孩子在7岁之后才正式在这里上班。现在工作压力特别大，经常加班。虽然平常朝九晚五，但是一周最起码也得加两天到三天的班，有时候培训，经常开会。一年的话收入应该七八万。正常一个月四天休息，但是有的时候为了冲业绩，我们自己都放弃了，就不要休息了。”（资料来源：ZF005）

相比较而言，男性的“家庭—工作”平衡的压力较小。随着性别平等观念逐渐深入人心，男性参与家务的情况逐渐增多，父亲在育儿中也承担着重要的作用。《吉林省人口与计划生育条例》（2021年修正）中规定支持有条件的地区或企事业单位可以设立父母育儿假。在访谈中了解到，如果夫妻二人为了照料孩子必须调动工作，那么妥协的往往是妻子。ZM001（男性）家中夫妻二人共同照料孩子，孩子上幼儿园后需要有人接送。其妻子找工作的条件是可以不考虑工资，但是必须下午3：30下班。

“孩子出生后单位给予了15天的育儿假，照顾生产后的妻子和刚出生的孩子。休假后回到原岗，觉得生育对自己来说并未产生职业上的阻碍或不利。平时单位对有孩子的家庭比较照顾，如遇到孩子生病需要请假，单位领导都会很爽快地答应。”（资料来源：CM001）

“我一个月工资在4000元左右。工作压力不大，加班不多。我媳妇找工作的时候，必须考虑孩子，比如找工作跟公司谈的就是我媳妇下午3：30必须下班，工资可以低一些，现在她的工资有2000多元。”（资料来源：ZM001）

（五）一孩家庭的两孩生育意愿较低

在访谈中，已生育一孩的育龄人口表现出极低的两孩生育意愿。仅有3人表示可能过两年经济宽裕点再考虑生育两孩，其他已育一孩的被访者均明确表示不愿意生育两孩。经济问题、无人照料和教育问题是限制他们生育两孩的重要因素。

“养孩子压力挺大的，其实我看我家孩子三四岁的时候，我就有想法想再要一个，那时候就想给孩子再要一个伴，我家孩子也特别喜欢（弟弟妹妹），包括现在这么大了都是说妈妈再给我生个伴儿，原先的时候他就总要小弟弟，然后今年开始说妹妹也行。但是我先生也觉得带孩子压力很大，他说你看孩子还这么小你还没到花钱的时候，等年龄大一点花钱的地方多了，就觉得压力大。你说要是年轻三四岁那时候如果要了，可能说一起都带大了，但现在这个刚出手，又来一个，可能等这小不点20来岁的时候，我都已经多大岁数了，感觉那样就太累了。”（资料来源：ZF005）

“之前有考虑过，但后来放弃了，因为经济问题。虽然工资现在涨了一些，但还是不太够，房价、消费太高了。前段时间我和我爱人还在商量，因为我特别想要个女孩，老大是男孩，我觉得再生一个肯定能生一个女孩，但是目前还没迈出那一步。还有就是我父母还没退休，也不在长春，没人帮忙照顾，平常都是我们自己在照顾。生两孩的话，也有点舍不得父母（辛苦），因为现在照顾小孩也是非常辛苦的，要不然月嫂的工资不可能这么高对吧。反正多方面考虑，只能看后期条件吧。最起码现在是有这个意向，一直没放弃想要女孩的想法，但是实际上还是要考虑经济因素。唯一的考虑就是经济因素。因为两个孩子和一个孩子，你给他的生活肯定是不一样的。例如，现在学校都想上好的，如果学校都是一样的话，不要说两孩，三孩我都敢生。一个孩子给他花10万，和两个孩子一个人花5万，你说这能一样吗？反正我是考虑这些方面的。”（资料来源：CM007）

对于生育两孩的家庭，有部分两孩出生的原因是意外怀孕。在本次访谈中，有两个家庭的第二个孩子是意外怀孕。他们没有明显不愿意生育两孩的意愿，所以也就顺其自然生下来了。

“当时刚结婚，觉得要孩子是顺其自然的事情，老大在计划之内，但是老二是意外怀孕的。我家老大是儿子，当时没敢要两孩，因为经济压力比较大，但是后来意外（怀孕）了，就要了，只要孩子健康就行。我和我爱人在怀孕后，都想要这个孩子，后来生出来是女孩，觉得还挺好的。当时要两孩，还有一个很大的原因是，2016年我父亲得癌症了，子女轮流去照顾，想着我们这样有兄弟姐妹（照料）压力都这么大，未来一个孩子的话，（他的）压力太大。多一个孩子，多少能分担一些。”（资料来源：CF007）

在访谈中了解到有的女性曾经意外怀孕两孩，但是内心极其不愿意生育两孩而选择放弃。访谈对象CF005讲到的原因是如果生育两孩，将来会面临照顾孩子与老人的冲突、精力不足的问题，所以还是选择放弃。

“我2013年的时候意外怀孕，后来直接在医院流产了。主要是孩子没人照顾，没有勇气生育两孩。再一个现在父母都老了，他们也没有精力帮我带孩子，我还得照顾他们。我老公跟我想法一样，他是不太喜欢孩子的。就是一开始我们结婚的时候，不是很强烈地想要孩子，有也行，没有就拉倒。我孩子他们班好像就几个孩子家里生育两孩，孩子不希望有人跟他分享爱，他就特别排斥这个。”（资料来源：CF005）

（六）育龄人群期待在经济、照料、教育和医疗上给予更多支持

经济支持、照料支持、教育支持和医疗支持是育龄人群提到的最迫切需要的支持。“养孩子太贵”是他们最大的感慨，孩子的教育是家长最大的焦虑。通过与不同成长阶段孩子的家长访谈了解到，无论孩子处在哪个阶段，都有要为孩子操心烦恼的事情。幼儿园之前，家长考虑为孩子报各种早教课程，不希望孩子输在起跑线上，同时考虑上公立幼儿园还是上私立幼儿园；上了幼儿园担心孩子的适应问题，孩子太小免疫力太低，一到幼儿园就生病，一家人都跟着着急。还担心孩子在幼儿园的安全问题；孩子

准备上小学，又要发愁择校、学区的问题，补课费又是一笔不小的开销；孩子进入初中后，学习压力倍增，一些家长表示“在长春，只有这么几所好的高中，只有进了好高中才可能上好的大学”。在家长看来，考上好的高中的难度比考好大学还大。孩子学习压力大，家长也就容易跟着焦虑，精神压力大。

照料支持也是不可忽视的需求，对于没有老人帮忙照料孩子的家庭而言，特别期待能有专业的托管机构提供照料服务。幼儿园的放学时间和家长的下班时间冲突，一般会购买幼儿园的托管服务，在幼儿园托管一个小时。在幼儿园的选择方面，相比较而言，公立幼儿园比私立幼儿园便宜，但是公立幼儿园有寒暑假，两个月的放假时间，家里没人能帮忙照顾。所以选择了相对较贵，但是在寒暑假不放假的私立幼儿园，减轻照料压力。

养儿育女就是这样一个过程，自从有了孩子，家长的关注点就紧密跟随着孩子的成长轨迹。关于养育儿童过程中需要经济、照料、教育和医疗的支持已经在很多场合中提出，也被政府及学界广泛热议，目前生育支持政策在不断完善，但仍需要多方进行配合，才能使政策发挥到最大效果。

第六章　我国生育支持政策现状分析

本章从女性生命历程的视角梳理我国的生育支持政策，探索生命事件与女性生育的互动关系，为完善生育支持政策提供理论参考依据。

第一节　基于生命历程理论视角的生育行为分析

生命历程理论起源于19世纪中期的美国。该理论强调个人的生命历程是镶嵌在一定的时代背景中的，受到社会大环境的影响和制约，以“年龄”为时间单位，考察人一生中有影响的事件（李强，1999）。这些事件一般主要包括接受教育、结婚、生养子女、就业和退休等人生重大事项（包蕾萍，2005）。这一理论常被用于描述群体在生命历程中受到的各方面影响以及带来的不同变化。根据生命历程理论，社会预期的男女生命历程的不同，塑造了女性在不同生命阶段扮演不同的角色（Mills et al.，2011）。女性的生命历程是指随环境的变化而发生在她们一生中的各种事件构成的一个序列。其中，生育行为是女性特有的生命事件，生育决策受到各种因素的影响。同时这一决策也影响她们个人行为的发展与转变。因此，从女性生命历程的角度来探讨生育决策，可以从动态的视角探寻生育行为和她们生命历程的互动关系，为制定生育支持政策、构建生育友好型社会提供新的思路。

本研究从女性的生命历程视角展开。纵观女性的一生，出生、入学（受教育）、就业、结婚、生育和退休等事件是人生的重要事件，也是划分人生阶段的重要节点，如图6–1所示。从生命历程角度来看，将出生至就业这一人生阶段称为“成长期”，从就业到退休的阶段称为“工作期”，从退休到死亡的阶段称为“退休期”。“成长期”“工作期”“退休期”大致构成了女性的生命历程，本研究中称为“成长与发展线”，在图6–1中用实线表示。与此同时，由“结婚”“生育”等生命事件构成了女性的“婚姻与家庭线”，在图6–1中用虚线表示。在“婚姻与家庭”这条主线上可以看到，女性在青壮年是生育主体，在年老时是照料主体，在家庭中要承担照料老人与孙辈的重任。生育，不仅与女性生命历程中其他重要事件重合发生，也与家庭其他成员的生命历程重要事件重合发生。

中国目前仍是一个普婚社会，大部分女性进入婚姻后都要面临生育的问题。在生育完一孩后，需要与孩子一同经历“哺乳期”“学前期”“教育期”等。如果生育两孩、三孩，那么这些过程需要再次经历。从上下两条“线段”的重合程度可以看出，女性生育的黄金期同时也是职业发展上升的最佳时期，更需要家庭、单位和社会共同的支持。因此，生育支持政策的制定需要与女性的生命历程中重要的生命事件和需求相匹配，注重政策供给与育龄人群需求的契合。

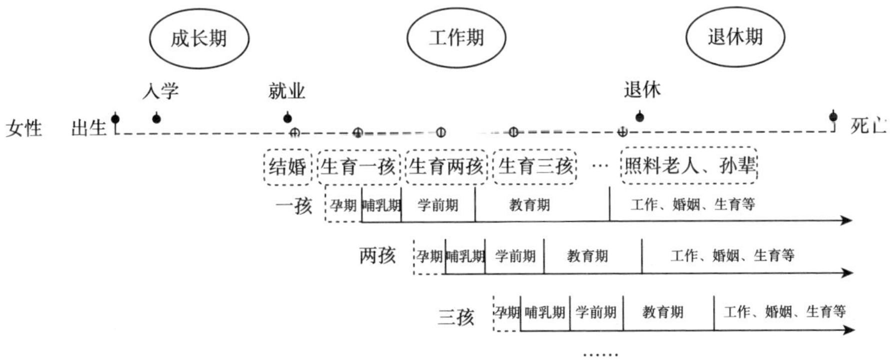

图6–1　女性的生命历程示意图[①]

① 需要说明的是：（1）在生命历程中生命事件存在时序性，事件发生顺序不同，会形成不同的生命历程。对于个体而言，就业、结婚以及生育等事件的发生顺序可能存在不确定性。可能出现先生育再就业，或就业后再接受教育等现象。职业可能因为生育出现中断或多次就业。也存在部分女性没有工作、结婚或生育等情况，出现生命事件“缺失”的可能。在本研究中，图6–1对其中一种生命历程进行展示说明。（2）在图6–1中，生育一孩、两孩、三孩之间的标点表示生育事件的发生，不严格代表生育间隔。

2016年，中国人口与发展研究中心在全国10个城市进行的3岁以下婴幼儿托育服务调查显示，80%的婴幼儿是由老人参与日间看护（王晖等，2020）。延迟退休逐渐成为一种趋势，部分尚未退休的女性还面临着照料孙辈/老人与工作平衡问题。因此，对于进入退休期的女性，她们需要肩负家庭照料的重担，成为家庭的付出者，这也体现出代际支持的重要性。

第二节　我国生育支持政策现状

基于我国现有的生育支持政策，按照女性的生命历程与生育需求大致划分为孕前准备及孕期、哺乳期、学前期和教育期四个阶段进行政策梳理。其中，女性的孕前准备及孕期属于"生"的阶段，哺乳期、学前期和教育期属于"育"的阶段。女性作为生育主体，其生命历程与子女的生命历程紧密相连。为了提炼研究的逻辑，本研究以女性生命历程为主线，将女性的"生"与子女的"育"都作为女性生命历程中的重要组成部分开展分析和梳理。

一、孕前准备与孕期的生育支持政策

（一）注重产前、孕期和产后的保健服务

生育政策调整后，生育两孩、三孩的主体是"80后""90后"，但是部分"70后"也有生育两孩、三孩的意愿。但是她们年龄偏大，多属于高龄产妇。为保障女性孕期安全与健康，2020年5月6日，国家卫生健康委、民政部、国务院妇儿工委、共青团中央、全国妇联五部门联合印发《关于加强婚前保健工作的通知》，北京、河北、山西、内蒙古等22个省份提供免费婚检。2020年6月1日起开始执行的《中华人民共和国基本医疗卫生与健康促进法》，明确将婚前孕前保健纳入基本医疗卫生服务。2021年修订的《中华人民共和国人口与计划生育法》规定："国家建立婚前保健、孕产期保健制度、防止或者减少出生缺陷，提高出生婴儿健康水平。"针对

育龄人群开展优生优育知识宣传教育，对育龄妇女开展围孕期、孕产期保健服务，承担计划生育、优生优育、生殖保健的咨询、指导和技术服务，规范开展不孕不育症诊疗等。

《女职工劳动保护特别规定》第六条规定："……对怀孕7个月以上的女职工，用人单位不得延长劳动时间或者安排夜班劳动，并应当在劳动时间内安排一定的休息时间。怀孕女职工在劳动时间内进行产前检查，所需时间计入劳动时间。"《中华人民共和国母婴保健法》《国家基本公共卫生服务规范》规定，县级妇幼保健计划生育服务中心要为辖区内常住孕产妇免费提供孕早期、孕中期、孕晚期的健康管理、产后访视、产后42天健康检查等服务。《国家卫生健康委办公厅关于统筹推进婚前孕前保健工作的通知》提出："全面加强婚前孕前保健和出生缺陷一级预防，不断提高出生人口素质和妇女儿童健康水平。"

（二）增加生育津贴和生育补贴

湖北、新疆、江苏等省（自治区）开展鼓励生育两孩的政策。例如，湖北省咸宁市城乡居民住院分娩医疗费用纳入医保，年最高支付限额900元；确需辅助生殖技术生育两孩的，发生费用按比例纳入医保报销。湖北省仙桃市基本生育免费，生育两孩住院分娩补助1200元。湖北省宜昌市生育两孩住院分娩基本生育免费，生育两孩的本地市民住院分娩最高可享受2500元的补贴。新疆维吾尔自治区石河子市女性两孩顺产和剖宫产分娩分别可获500元/户和1000元/户的住院补助。接受辅助生殖技术，成功生育两孩者可获1万元的一次性补贴。2017年4月，江苏省淮安市洪泽区委、区政府出台了《关于鼓励适龄夫妇生育两孩的实施意见（试行）》，增加孕产妇保健补助，对每位两孩孕产妇由区财政补助1000元用于孕产期保健服务，每位孕产妇由区财政补贴1000元住院分娩费用。

2021年7月28日，四川攀枝花发布《关于促进人力资源聚集的十六条政策措施》，其中最受关注的政策是：对按政策生育第二个及以上孩子的攀枝花户籍家庭，每月每孩发放500元育儿补贴金，直至孩子3岁。也就是说，从两孩开始，每个孩子可领取共1.8万元的补贴金。攀枝花成为全国首个以“真金白银”发放生育补贴的城市。除发放补贴，甘肃临泽还对生育两孩、三孩的户籍常住家庭，在城区购买商品房时给予4万元政府补助；新疆维吾尔自治区石河子对生育两孩、三孩的户籍家庭每月每孩各发放500元、1000元育儿补贴；山东烟台规定，三孩孕产妇可报销产检费1000元。

（三）扩大生育保险范围

《国务院办公厅关于全面推进生育保险和职工基本医疗保险合并实施的意见》规定：“统一基金征缴和管理。生育保险基金并入职工基本医疗保险基金，统一征缴，统筹层次一致。按照用人单位参加生育保险和职工基本医疗保险的缴费比例之和确定新的用人单位职工基本医疗保险费率，个人不缴纳生育保险费。”生育保险待遇包括《中华人民共和国社会保险法》规定的生育医疗费用和生育津贴，所需资金从职工基本医疗保险基金中支付。生育津贴支付期限按照《女职工劳动保护特别规定》等法律法规规定的产假期限执行。

二、哺乳期的生育支持政策

（一）延长产假

2012年国务院发布的《女职工劳动保护特别规定》第七条规定：“女职工生育享受98天产假，其中产前可以休假15天；难产的，增加产假15天；生育多胞胎的，每多生育1个婴儿，增加产假15天。女职工怀孕未满4个月流产的，享受15天产假；怀孕满4个月流产的，享受42天产假。”在全面两孩政策下，各省产假调整模式为“国家规定假期98天+生育奖励假”，即产假在国家法定的98天的基础上增加30天或60天，大部分省份的产假天数为128～158天，河南、海南、黑龙江和甘肃的产假为180～188天。西藏的产假是所有省份中最长的，《关于调整西藏自治区干部职工两孩生育待遇的通知》规定产假时间为1年。为保持政策适度延续性，综合考虑维护妇婴身心健康与保障女职工就业平等权，同时顾及社保基金以及用人单位的负担能力，部分省市的《人口与计划生育条例》规定“女职工经所在机关、社会团体、企业事业单位和其他组织同意，可以再增加假期一至三个月”。湖北省咸宁市鼓励两孩产妇，产假延长至6个月；新疆维尔自治区石河子市规定女性怀孕7个月以上，可请产前假2.5个月，其间工资按80%发放。

2021年8月20日，全国人民代表大会常务委员会通过《中华人民共和国人口与计划生育法〈修正草案〉》，允许一对夫妻生育三个子女后，各省级行政区已开始陆续修订本地《人口与计划生育条例》，提出落实三孩生育政策，提倡适龄婚育、优生优育；并在减轻家庭生育、养育、教育负担，加大生育保障等方面提出了一系列措施，实施延长产假、增加育儿假、配偶护理假等措施。以《北京市人口与计划生育条例》为例，明确女方除国家规定的产假外，享受的延长生育假由30天增加至60天。同时，子女满3周岁前，夫妻每人每年可享受5个工作日的育儿假。

（二）灵活安排哺乳假

《女职工劳动保护特别规定》对于哺乳未满1周岁婴儿的女职工，用人单位不得延长劳动时间或安排夜班劳动。用人单位应当在每天的劳动时间内为哺乳期女职工安排1小时哺乳时间；女职工生育多胞胎的，每多哺乳1个婴儿每天增加1小时哺乳时间。在实际执行过程中，辽宁省鼓励雇主为孕期和哺乳期妇女提供灵活工作时间，支持生育后重返岗位。部分单位灵活安排女性的哺乳假。

（三）增加配偶陪产假

为了体现全面两孩政策实施后的人文关怀，支持男方对生育妇女进行照护，2015年12月7日，《中华人民共和国人口与计划生育法》调整完善了有关生育假和配偶陪产假的规定。各省市《人口与计划生育条例》也相应增加了配偶陪产假。陪产假时长大致分为7天、15天和30天三档。针对异地夫妻，安徽、陕西有延长陪产假的措施，安徽从10天延长至20天，陕西从15天延长到20天。江苏省淮安市洪泽区提倡有条件的区域内行政事业单位将两孩家庭的配偶假由原来的10天延长至15天。

全面三孩政策下，各省市陆续修正了《人口与计划生育条例》，进一步延长了配偶陪产假。《山东省人口与计划生育条例》（2021年修正）规定，配偶陪产假由“七日”修改为“不少于十五日”，并增设了“三周岁以下婴幼儿父母各享受每年累计不少于十日育儿假”。

（四）完善育婴服务体系

《国务院办公厅关于促进3岁以下婴幼儿照护服务发展的指导意见》规定，将婴幼儿照护服务纳入经济社会发展规划，加快完善相关政策，大力推动婴幼儿照护服务发展。《中华人民共和国国民经济和社会发展第十四个五年规划和2035年远景目标纲要》，将“每千人口拥有3岁以下婴幼儿托位数”指标纳入20个经济社会发展主要指标之一，提出由2020年1.8个提升到2025年4.5个具体要求，同时作出健全婴幼儿发展政策、实施普惠托育服务扩容项目支持托育服务机构和设施建设等具体部署。各地应根据实际情况建立相关地方政策，比如，江苏省淮安市洪泽区要求各镇、街道开展孕婴服务，万人以上社区开设育婴服务点，女职工较多的企业设立哺乳室，进一步普及育婴服务（温勇，2019）。湖北省咸宁市开展3岁以下婴幼儿照护服务，在辖区内公办幼儿园和普惠性民办幼儿园就读的两孩，可减免一定金额的保教费。江苏省南京市、浙江省温州市和绍兴市、陕西省西安市、江西省、福建省等多个省份和城市为建设幼儿园和开设托育服务机构额外提供建设补贴，促进育婴服务体系的完善。

三、儿童学前期的生育支持政策

“幼有所育”是党的十九大报告亮点之一，婴幼儿的教育和照料是目前我国民生工作的短板，也是老百姓最关心、最直接、最现实的利益问题之一。

（一）儿童照顾政策的变化与完善

中华人民共和国成立后，我国构建了较为完善的儿童照顾政策体系。

目前，儿童照顾政策的发展大致可以分为三个阶段：（1）计划经济时期的儿童照顾政策体系（1949—1978年），单位举办托幼机构是这一时期城镇儿童照顾政策体系的最重要构成，儿童照料机构分为托儿所（2～36月龄婴幼儿，卫生部主管）和幼儿园两类（3～6岁，教育部主管）；（2）20世纪八九十年代的儿童照顾政策，随着20世纪90年代国有企业改革的推进，学前教育和儿童照顾逐渐市场化；（3）21世纪以来的儿童照顾政策，主要体现在为弱势儿童提供津贴和服务上，普通家庭的儿童照顾未得到支持。由于主管部门和政策指引的缺位，社会力量参与托育服务供给受到一定制约。对女性就业产生了一定影响，使女性在职场晋升中遭到歧视，抑制了家庭的生育意愿。我国儿童照顾支持政策起源较早，但是随着社会的发展出现了一定的弱化。

进入21世纪以来，政府也在不断探索和解决当前的儿童照料和教育问题。2010年国务院发布的《国务院关于当前发展学前教育的若干意见》指出，要积极发展学前教育，着力解决当前存在的“入园难”问题，满足适龄儿童入园需求，促进学前教育事业科学发展。坚持公益性和普惠性，坚持政府主导、社会参与，公办民办并举，坚持改革创新，坚持因地制宜，坚持科学育儿，努力构建覆盖城乡、布局合理的学前教育公共服务体系，提供“广覆盖、保基本”的学前教育公共服务，为幼儿和家长提供方便就近、灵活多样、多种层次的学前教育服务。《中国儿童发展纲要（2011—2020年）》提出，积极开展0～3岁婴幼儿科学育儿指导，积极发展公益性普惠性的儿童综合发展指导机构，以幼儿园和社区为依托，为0～3岁婴幼儿及其家庭提供早期保育和教育指导，加快培养0～3岁婴幼儿托育、早期教育专业化人才。

在全面两孩政策背景下，我国开始从顶层设计上推进儿童照顾服务。《关于实施全面两孩政策改革完善计划生育服务管理的决定》《国家人口发展规划（2016—2030年）》等文件均提出：“加强科学预测，合理规划配置儿童照料、学前和中小学教育、社会保障等资源，满足新增公共服务需求。引导和鼓励社会力量举办非营利性妇女儿童医院、普惠性托儿所和幼儿园等服务机构。鼓励和推广社区或邻里开展幼儿照顾的志愿服务。”《国家教育事业发展“十三五”规划》指出：“发展0～3岁婴幼儿早期教育，探索建立以幼儿园和妇幼保健机构为依托，面向社区、指导家长的公益性婴幼儿早期教育服务模式。”

（二）“共同育儿假”

目前，我国儿童“照料赤字”问题非常严重，甚至可以用“照料危机”来形容。一直以来，家庭是照料的主体，特别是母亲和老人的照料压力不断增加。“丧偶式育儿”是近年来被社会广泛讨论的问题，反映了在儿童照料中父亲责任的缺失。2015年,《中华人民共和国人口与计划生育法》要求给予符合规定生育的夫妻延长生育假的奖励和其他福利待遇。之后，部分省市开始探索鼓励男性加入育儿的行列，承担更多的家庭责任。2016年，山东省发布了《山东省妇女发展“十三五”规划》，探索推行男女共享的带薪育儿假。2018年，江苏省发布了《江苏省妇女权益保障条例》，以地方性法律规定的方式，对男性育儿假作出明确规定：在女方产假期间，鼓励男方所在用人单位安排男方享受不少于5天的共同育儿假。2019年9月27日，宁夏回族自治区十二届人大常委会第十五次会议高票通过《宁夏回族自治区妇女权益保障条例》，并于2019年11月1日起正式实施，上述条例提出“鼓励用人单位对符合法律、法规规定育有子女的夫妻，在子女零至三周岁期间，每年给予夫妻双方各十天共同育儿假”，标志着“共同育儿假”正式入法。这一规定充分体现了男性与女性共同育儿的先进理念，对于培育良好家庭风尚具有较好的引领作用。2020年1月初，上海市妇联提议夫妻共享育儿假，这意味着夫妻共同育儿将会成为新的育儿趋势。内蒙古、山西省、贵州省、重庆市、广东省、浙江省、湖北省等多个省份积极鼓励用人单位探索实行与托育服务配套衔接育儿假、产休假，通过灵活安排工作时间等积极措施，为婴幼儿照护创造便利条件。

全面三孩政策正式实施后，各省（自治区、直辖市）在《人口与计划生育条例》中表示开始积极探索父母共同育儿假。《安徽省人口与计划生育条例》(2021年修正)除规定女方在享受国家规定产假基础上，延长产假60天，男方享受30天护理假外，特别指出，在子女6周岁以前，每年给予夫妻各10天育儿假。职工在前款规定的产假、护理假、育儿假期间，享受其在职在岗的工资、奖金、福利待遇。

(三)规范托育机构管理

《国务院办公厅关于促进3岁以下婴幼儿照护服务发展的指导意见》明确了婴幼儿照护服务的主管单位为国家卫生健康委，提出强化政策引导和统筹引领，充分调动社会力量积极性，大力推动婴幼儿照护服务发展，优先支持普惠性婴幼儿照护服务机构。为保障婴幼儿安全，需对托育机构进行规范管理。《托育机构设置标准(试行)》《托育机构管理规范(试行)》对托育机构设置提出了具体要求："依法建立托育机构及其工作人员黑名单制度，禁止有虐待、伤害婴幼儿记录的机构和个人从事托育服务。托育机构监控报警系统确保24小时设防，婴幼儿生活和活动区域应当全覆盖。监控录像资料保存期不少于90日，不得无故中断监控，不得随意更改、删除监控资料等。"

(四)弹性工作制

《国务院办公厅关于促进3岁以下婴幼儿照护服务发展的指导意见》提出："全面落实产假政策，鼓励用人单位采取灵活安排工作时间等积极措施，为婴幼儿照护创造便利条件。"这是我国第一次在弹性工作制度体系中引入了育儿照护。湖北省咸宁市允许怀孕期间和幼儿小于3岁的女职工申请弹性工作时间或工作地点。辽宁省鼓励雇主为孕期和哺乳期妇女提供灵活工作时间，支持生育后重返岗位。

(五)教育支持和补贴

陕西省建立0～3岁婴幼儿托育机构的设立条件和监管政策，加快幼儿园建设。湖北省咸宁市开展3岁以下婴幼儿照护服务，在辖区内公办幼儿园和普惠性民办幼儿园就读的两孩，可减免一定金额的保教费，引导和鼓励社会力量开设托育机构；湖北省咸宁市为两孩生育提供多项鼓励措施，两孩家庭购房享受补贴，并放宽公积金购房贷款和提取等。湖北省宜昌市两孩按公办幼儿园收费标准发放保教费补贴，城区每生补贴超过1万元。湖北省咸宁市给予购房补贴，放宽公积金贷款和提取政策，优先分配保障性住房，给予一定公租房房租减免。江苏省淮安市洪泽区委实行儿童学年一年免费教育，就读区域内公办幼儿园和普惠性民办幼儿园的一孩、两孩，减免大班一年保教费。

四、儿童教育期的生育支持政策

（一）税收减免

《个人所得税专项附加扣除暂行办法》中针对子女教育的税收有一定的优惠政策。具体规定为：纳税人的子女接受全日制学历教育的相关支出，按照每个子女每月1000元的标准定额扣除。其中学历教育包括义务教育（小学、初中教育）、高中阶段教育（普通高中、中等职业、技工教育）、高等教育（大学专科、大学本科、硕士研究生、博士研究生教育）。年满3岁至小学入学前处于学前阶段的子女，也享受税收减免政策。这一规定在一定程度上减轻了家庭的教育负担。2022年3月19日，国务院印发了《关于设立3岁以下婴幼儿照护个人所得税专项附加扣除的通知》，其中规定自2022年1月1日起，纳税人照护3岁以下婴幼儿子女的相关支出，在计算缴纳个人所得税前按照每名婴幼儿每月1000元的标准定额扣除。

（二）弹性放学制和课后托管

小学“三点半”放学问题已经成为大多数家庭的困扰，家长们关于解决“三点半难题”的呼声越来越高。2018年教育部对《关于解决幼儿园、小学三点半放学难题的提案》进行了答复，回应了学校全面实行弹性放学制、落实课后服务工作和鼓励社会托管机构发展三方面的问题。目前，大部分幼儿园一直保持弹性放学制，北京、南京等地在中小学开始探索，取得较好的成效。各省陆续出台了一系列关于开展课后或托管服务的政策文件。例如，上海探索中小学校后服务要做到百分之百全覆盖；北京规定三点到五点开展课外活动；重庆、四川、广西等省（自治区、直辖市）利用社区资源解决托管问题；吉林省公主岭市鼓励青少年校外教育场所和学校密切合作，共同开展课外活动等。

（三）规范课后培训，实施“双减”政策

在育儿过程中，随着儿童的成长，教育费用所占的比重越来越高。除学校的基础教育外，课后班、补习班、兴趣班层出不穷，无形中增加了教育费用。各地也纷纷出台相关政策，规范课后培训，禁止乱收费。2017年，教育部发布了《关于做好中小学生课后服务工作的指导意见》坚决禁止学校借课后服务名义集体补课。规范学校教育，为学生提供优质教育，减少教育中的“过度”花费，在一定程度上降低育儿成本。

2021年7月24日，中共中央办公厅、国务院办公厅印发《关于进一步减轻义务教育阶段学生作业负担和校外培训负担的意见》（以下简称“双减”政策）。“双减”政策力图全面压减学生作业总量和时长，减轻他们过重作业负担；提升学校课后服务水平，满足学生多样化需求；全面规范校外培训行为，大力提升教育教学质量。

从以上政策的梳理，可以发现生育支持政策涉及多个方面。我们需要加强公共财政和公共政策来支持和服务生育，但是不能将所有的托育、托幼政策，乃至教育政策、住房政策都归于生育政策。警惕将生育政策泛化，什么政策都是为了生育，这可能带来政策错位。每个政策的出台都有其政策目标，我们需要把握根本，在政策的实施过程中总结经验，评估政策效果。

第三节 我国生育支持政策发展方向

一、地区先行探索，国家生育支持政策逐步完善

梳理我国的生育支持政策可以发现，目前我国生育支持政策尚处于起步阶段。与国外发达国家的家庭政策（生育支持政策）相比，我国的生

育支持政策实施较晚，支持内容较为分散，暂未形成体系。但是，国外的生育支持政策也并非一蹴而就。我国仍需根据育龄人群的需求不断完善调整，制定符合国情、满足育龄人群需求的生育支持政策，提升生育率，促进人口均衡发展。我国当前的生育政策略显碎片化，具有一定的局部性，对生育行为的影响尚不确定。因此，在探讨通过逐步放开生育政策实现人口均衡发展的具体路径时，需要深入解析微观人口决策单位与宏观人口目标的作用机制，为家庭生育两孩、三孩决策的实施提供系统性支持。

国内部分省市开始探索生育支持政策，实行了鼓励生育的政策。例如，辽宁、湖北、宁夏等省（自治区）采取了延长孕妇产假、延长配偶陪产假、增加夫妻共同育儿假、发放生育补贴、优化婴幼儿照护政策和托育服务、保障妇女产后返岗和支持女性职业发展等生育支持措施，不断构建生育友好型的政策体系。

在“全面三孩”政策背景下，攀枝花在全国率先公布为两孩、三孩家庭发放育儿补贴金的政策。此外，还推出孕产妇住院分娩免费服务等，持续打造良好的妇幼环境和优质的生育环境，为破解“不敢生”“不愿生”等现实难题作出积极尝试和探索。

这些省市的政策是生育支持政策的“先行者”，未来相关部门也将在国家层面上构建更全面、完善的生育支持政策。

二、完善平衡家庭与工作的生育支持政策，为女性提供良好的生育体验

生育支持政策的目的在于在尊重每个个体生育意愿的前提下，帮助他们完成生育意愿。从女性生命历程来看，她们生育的黄金期也是事业发展的上升期，提供平衡两者关系的生育支持政策有助于提升生育率。随着社会的发展，人们的育儿理念已经被重塑，更加注重儿童养育的质量，特别重视教育投入，在一定程度上增加了育儿成本。从生命历程来看，我国的生育政策着力点在生育事件本身进行短暂的支持，而忽视了更为漫长的养

育过程的支持。例如，0～3岁婴幼儿的照料、未来教育和医疗保障等问题是影响育龄人群生育意愿和生育行为的重要因素。在以上方面的生育支持政策仍有待加强。

儿童和女性是生育支持的主要对象，对女性来说，在产前和产后都有相应的政策为女性生育提供健康保障和医疗支持。但是，从女性个人感受出发，在政策支持上仍有许多工作值得完善。例如，女性生产时经历阵痛，这种疼痛经常被视为母亲必须“忍受”的。对一些女性来说，这些经历让她们“痛不欲生”，不愿意再经历如此痛苦，产生放弃生育两孩、三孩的想法。产后抑郁是常见的问题，如何帮助女性缓解产后抑郁，增加心理疏导也不容忽视。从女性生命历程的角度来看，如果生育一孩的过程非常顺利，没有给她们带来痛苦的身心感受，那么她们更可能适应母亲角色、生育第二个或第三个孩子。

三、重视老人在生育支持中的作用，弥补父亲在家庭养育中的缺位

生命的联结是生命历程理论的重要命题。生命历程理论认为一个人的生命历程在社会关系网络中会与其他人的生命历程相互依赖、相互影响。生育与照料子女使母亲、父亲、孩子与老人的生命历程紧密相连。在托育机构相对缺乏的状况下，老人是儿童照料支持的重要力量。特别是老年女性帮助子女照料孙辈，是以牺牲她们的晚年生活为代价的。在人口流动日益频繁的社会，有些老年人为了减轻子女的照料负担被迫成为流动老人，照料儿童。在生育意愿调查中，高昂的养育成本和缺乏照料是人们不愿生育的主要因素。在生命历程图示中，已经可以看到老年女性即使到了晚年也可能面临工作与家庭照料的平衡问题，或者老年人照料与儿童照料的双重照料负担。同时，老年女性进入老年期后，自身也很容易产生健康问题。国外的生育支持政策中考虑到了老年人作为照料者的身份，对参与照料的老年人给予一定的经济补贴，在社会层面认可老年人对家庭和子女的付出，具有良好的政策效果。

对于儿童来说，父亲是他们人生中的重要角色。长期以来，我国家庭都秉持“男主外，女主内”的思想，将家庭内部及养育的事情交由女性承担，导致父亲角色在儿童成长中严重缺失。目前，我国生育支持政策中增加了陪产假和共同育儿假，旨在将父亲拉回到家庭育儿中。这一政策不但体现了男女共同育儿的先进理念，而且有助于儿童健康成长。研究表明，亲密的家庭氛围、良好的家庭功能，安全亲子依恋对子女的成长和学业具有较好的促进作用。这也将是生育支持政策发挥的重要作用。

第四节 结 语

本研究基于女性的生命历程发现，职业女性生育后面临家庭与工作平衡的问题，到了退休期，可能会面临双重照料压力。目前，我国生育支持政策在以上两个环节较为薄弱，建议加强女性家庭与工作平衡的政策支持，重视老年女性在生育支持中的作用，在经济上能够给予一定的补贴，进一步认可女性对家庭的付出。当然，不能忽略父亲在育儿中的重要作用，积极推进“共同育儿假”入法，营造良好的家庭和社会育儿氛围。更加关注女性的生育体验，关注女性生育时的身体体验和产后的心理调节。良好的生育体验，贯穿生命历程的生育支持能够有效降低育儿成本，缓解当前育龄人群的生育焦虑，提升生育意愿。目前，我国部分省市已经在积极探索生育支持政策的具体措施，经过不断完善和推进，在国家层面上也将逐步建立更为系统、有针对性的生育支持政策，促进我国人口的均衡发展。

参考文献

Andersen G E, Billari F C. 2015. Re-theorizing family demographics[J]. Population and Development Review, 41(1): 1–31.

Ariane P, Solaz A , Tantruu M L. 2019. The time cost of raising children in different fertility contexts: evidence from France and Italy[J]. European Journal of Population, 35: 223–261.

Baizán P, Arpino B, Delclós C E. 2016. The effect of gender policies on fertility: The moderating role of education and normative context[J]. European Journal of Population, 32(1): 1–30.

Bass L J, Barnow B S. 1993. Expenditures on children and child support guidelines[J]. Journal of Policy Analysis and Management, 12(3): 478–497.

Becker G S, Lewis H G. 1973. On the Interaction between the Quantity and Quality of Children[J]. Journal of political Economy, 81(2): 279–288.

Borck R. 2014. Adieu Rabenmutter—culture, fertility, female labour supply, the gender wage gap and childcare[J]. Journal of population economics, 27(3): 739–765.

Burda M, Hamermesh D S, Weil P. 2013. Total work and gender: Facts and possible explanations[J]. Journal of Population Economics, 26(1): 239–261.

Busardò F P, Gulino M, Napoletano S, et al. 2014.The evolution of legislation in the field of Medically Assisted Reproduction and embryo stem cell research in European union members[J]. BioMed research international, 2014.

Chesnais J C. 1998. Below-replacement fertility in the European Union (EU-15): Facts and policies, 1960-1997[J]. Review of population and social policy, 7(101): 83-101.

Duvander A Z, Jans A C. 2009. Consequences of father s parental leave use: Evidence from Sweden[J]. Finnish yearbook of population research: 49-62.

Edwards C S. 1981. USDA estimates of the cost of raising a child: a guide to their use and interpretation [J]. Washington D, (1411): 67.

Goldstein J R, Kreyenfeld M, Jasilioniene A. 2013. Fertility reactions to the "Great Recession" in Europe: Recent evidence from order-specific data[J]. Demographic research, 29: 85-104.

Hori M. 2011. The expenditure on children in Japan, ESRI Discussion paper series 279, Economic and Social Research Institute (ESRI).

Lino M. 2017. The cost of raising a child [OL]. U.S. Department of Agriculture.

Marianne P. 2012. Bitler, Lucie Schmidt; Utilization of Infertility Treatments: The Effects of Insurance Mandates [J]. Demography 1 February , 49 (1): 125–149.

Martin C. 2010. The reframing of family policies in France: processes and actors[J]. Journal of European Social Policy, 20(5) : 410-421.

Matysiak A, Szalma I. 2014. Effects of parental leave policies on second birth risks and women's employment entry[J]. Population, 69(4): 599-636.

McCrary J, Royer H. 2011. The effect of female education on fertility and infant health: evidence from school entry policies using exact date of birth[J]. American economic review, 101(1): 158-195.

Mills M, Rindfuss R R, McDonald P, et al. 2011. Why do people postpone parenthood? Reasons and social policy incentives[J]. Human reproduction update, 17(6): 848-860.

Morgan K J, Zippel K. 2003. Social Politics: International Studies in Gender[J]. State & Society, 10(1): 49-85.

Nishimura T. 2020.Countermeasures to Japan′s declining birthrate：history, current situation and problems[J]. Asian Education and Development Studies, 11(1)：141–158.

OECD. 2019a. OECD Family Database. Date on Parental Leave Replacement Rates[EB/OL].Parental Leave Replacement Rates.

OECD. 2019b. OECD Family Database. Data on government spending on family benefits and childcare and education enrollment.

Ralph H. 2014.Population Policies in Low–Fertility Contexts：Elements to Consider in Policy Dialogue with Governments[R]. UNFPA.

Scheiwe K.2003. Caring and paying for children and gender inequalities：institutional configurations in comparative perspective[J]. Journal of Family History, 28(1)：182–198.

Stearns P N. 2010. Childhood in world history[M]. New York：Routledge, 38–70.

United Nations. 2013. World Population Policies 2013. United Nations, Department of Economic and Social Affairs, Population Division.

United Nations. 2019. World Fertility Data 2019. Department of Economic and Social Affairs, Population Division.

United Nations. 2021. World Population Prospect 2021.Department of Economic and Social Affairs, Population Division.

Willis R. 1973. A new approach to the economic theory of fertility behavior[J]. Journal of Political Economy, 81(2)：14–64.

Yang H, Yang P, Zhan S. 2017.Immigration, population, and foreign workforce in Singapore：An overview of trends, policies, and issues[J]. HSSE Online.

包蕾萍. 2005. 生命历程理论的时间观探析[J]. 社会学研究，(4)：120–133, 244–245.

陈佳鞠，靳永爱，夏海燕，等. 2022. 中国生育水平回升的可能性：基于北欧国家历史经验的分析[J]. 人口与发展，28(3)：79–89.
范燕燕，林晓珊. 2014.“正常”分娩：剖腹产场域中的身体、权力与医疗化[J]. 青年研究，(3)：36–45，95.
房莉杰，陈慧玲. 2021. 平衡工作与家庭：家庭生育支持政策的国际比较[J]. 人口学刊，43(2)：86–97.
冯慧迪. 2022. 完善生育保障制度体系 实现人口发展战略构想——以俄罗斯为例[J]. 人口与健康，(4)：15–17.
冯立天，王树新，孟浩涵. 1987. 新生劳动力培养费用调查研究[J]. 中国人口科学，(1)：51–59.
韩优莉，黄成礼，邱月，等. 2010. 中国儿童发展的家庭投入费用变化趋势分析[J]. 人口与经济，(6)：7–12.
贺丹，张许颖，庄亚儿，等. 2018. 2006—2016年中国生育状况报告——基于2017年全国生育状况抽样调查数据分析[J]. 人口研究，42(6)：35–45.
贺丹，庄亚儿，杨胜慧. 2021. 婴幼儿托育：家庭需求与机构供给[J]. 人口与社会，37(4)：15–23.
贾志科，高洋. 2022. 国外生育支持政策的分析与反思[J/OL]. 青年探索：1–13.
蒋正华. 1989. 咸阳农村生育率变化的社会、经济、人口学原因典型调查[J]. 中国人口科学，(5)：56–63.
靳永爱，赵梦晗，宋健. 2018. 父母如何影响女性的二孩生育计划——来自中国城市的证据[J]. 人口研究，42(5)：17–29.
李红梅. 2017. 人民日报：育儿成本占家庭平均收入近半，约束生育二孩意愿[OL]. 澎湃新闻.
李建民. 2000. 论生育控制个人成本的社会补偿：一个理论分析框架[J]. 南方人口，(4)：25–29.
李竞能. 2004. 现代西方人口理论[M]. 上海：复旦大学出版社：29–37.
李妙旋. 2008. 广东省中山市农村子女养育成本调查[J]. 调研世界，(8)：29–31.

李南，蒋正华，葛苏珊. 1989. 农村生育需求分析[J]. 中国人口科学，(6)：18–22，27.

李沛霖. 2016. 中国儿童抚养直接经济成本影响因素分析[J]. 福建行政学院学报，(5)：103–112.

李强. 1999. 生命的历程：重大社会事件与中国人的生命历程[M]. 杭州：浙江人民出版社.

李若建. 2016. 角动量效应：东北人口变动分析[J]. 学术研究，(8)：55–62.

李志华，茅倬彦. 2022. 中国家庭养育成本分担模式对再生育的影响[J]. 人口学刊，44(3)：19–30.

李孜，谭江蓉，黄匡时. 2019. 重庆市生育水平、生育意愿及生育成本[J]. 人口研究，(3)：45–56.

林晓珊. 2018. “购买希望”：城镇家庭中的儿童教育消费[J]. 社会学研究，(4)：167–194，249.

刘丰. 2015. 定性比较分析与国际关系研究[J]. 世界经济与政治，(1)：90–110，158–159.

刘汶蓉，徐安琪. 2006. 生养孩子的非经济成本研究——以上海为例[J]. 青年研究，(10)：25–33.

刘铮，邬沧萍，查瑞传. 1981. 人口统计学[M]. 北京：中国人民大学出版社，369–370.

马春华. 2018. 中国家庭儿童养育成本及其政策意涵[J]. 妇女研究论丛，(5)：70–84.

马小红，顾宝昌. 2015. 单独二孩申请遇冷分析[J]. 华中师范大学学报(人文社会科学版)，54(2)：20–26.

茅倬彦，申小菊，张闻雷. 2018. 人口惯性和生育政策选择：国际比较及启示[J]. 南方人口，33(2)：15–28.

茅倬彦，袁艳，郑丽洁. 2016. 欧洲家庭支持政策措施及效果的启示[N]. 中国人口报，2016–12–26(3).

蒙克. 2017. “就业—生育”关系转变和双薪型家庭政策的兴起——从发达

国家经验看我国“二孩”时代家庭政策[J]. 社会学研究，32(5)：218-241，246.

乔晓春. 2014.“单独二孩”生育政策的实施会带来什么？——2013年生育意愿调查数据中的一些发现[J]. 人口与计划生育，(3)：18-22.

邱德胜，李诗韵，王志章. 2018. 中国农村家庭生育二孩的成本核算及分摊机制研究——基于川渝两地的实地调研[J]. 科学决策，(4)：13-40.

申小菊，茅倬彦. 2018. OECD国家3岁以下儿童照料支持体系对我国的启示[J]. 人口与计划生育，(2)：43-47.

石人炳，陈宁，郑淇予. 2018. 中国生育政策调整效果评估[J]. 中国人口科学，(4)：114-125，128.

史爱军，张翠玲，史卓. 2021. 子女教育成本对我国生育意愿的制约与优化建议[J]. 人口与健康，(7)：46-48.

宋健，姜春云. 2022. 生育支持政策及其实施效果的国际观察[J]. 人口与健康，(6)：17-22.

宋健，周宇香. 2016. 全面两孩政策执行中生育成本的分担——基于国家、家庭和用人单位三方视角[J]. 中国人民大学学报，(6)：107-117.

孙晓霞，于潇. 2021.东北地区“低生育率陷阱”探析[J]. 人口学刊，43(5)：29-38.

王红漫，杨磊，金俊开，等. 2021. 积极生育支持背景下家庭生育支持政策与生育率的历史转变——基于中国、日本、韩国、俄罗斯、美国和德国的比较分析[J]. 卫生软科学，35(12)：17-22，27.

王晖. 2019. 国际经验借鉴：意大利人口问题应对的启示[J]. 人口与健康，(2)：16-19.

王晖，邹艳辉. 2020. 保基本民生 促进婴幼儿照护服务需求的满足——基于十城市调查数据的分析[J]. 人口与健康，277(9)：12-15.

王军，柏楚乔，黄晓莹. 2017. 中国城市女性生育二孩的成本—收益分析[J]. 青年探索，(5)：15-25.

王伟. 2019. 日本少子化进程与政策应对评析[J]. 日本学刊，169(1)：117-

135.

王志章，刘天元. 2017. 生育“二孩”基本成本测算及社会分摊机制研究[J]. 人口学刊，39(4)：17–29.

温勇. 2019. 鼓励生育两孩政策效果分析及政策完善的建议——江苏省淮安市洪泽区的实践与启示[J]. 人口与健康，266(10)：24–26.

吴帆. 2016. 欧洲家庭政策与生育率变化——兼论中国低生育率陷阱的风险[J]. 社会学研究，31(1)：49–72，243.

吴帆. 2019. 低生育率陷阱究竟是否存在？——对后生育率转变国家（地区）生育率长期变化趋势的观察[J]. 人口研究，43(4)：50–60.

徐安琪. 2004. 孩子的经济成本：转型期的结构变化和优化[J]. 青年研究，(12)：1–8，35.

杨凡，何雨辰. 2022. 中国女性劳动供给中的“母职惩罚”[J]. 人口研究，46(5)：63–77.

杨菊华. 2019. 生育支持与生育支持政策：基本意涵与未来取向[J]. 山东社会科学，(10)：98–107.

杨菊华，杜声红. 2017. 部分国家生育支持政策及其对中国的启示[J]. 探索，(2)：137–146.

杨魁孚，陈胜利，石海龙，等. 2000. 我国计划生育效益研究[J]. 人口与计划生育，(5)：14–24.

叶文振，丁煜. 1998. 中国厦门经济特区孩子抚养费用的研究[J]. 人口与经济，(6)：24–28，57.

尹豪，徐剑. 2008.“大连市生育成本调查”结果分析[J]. 人口学刊，30(1)：15–18.

于连平，于小琴. 2010. 俄罗斯低生育率的成因及“母亲资本法”的成效评价[J]. 人口学刊，32(4)：13–17.

翟振武，张现苓，靳永爱. 2014. 立即全面放开二胎政策的人口学后果分析[J]. 人口研究，38(2)：3–17.

张伯玉. 2022. 日本实施促进生育政策的得与失[J]. 人民论坛，(17)：78–81.

张广宇，顾宝昌. 2018. 用津贴能促进生育吗？澳大利亚实施鼓励生育政策始末记[J]. 人口与发展，24(6)：63–71.

张璐，任元鹏. 2016. 冷冻卵子的伦理与法律问题探析[J]. 黑龙江省政法管理干部学院学报，(4)：52–54.

张友干，陈松宝. 1997. 孩子成本——效益与生育观念[J]. 西安交通大学学报，(S1)：84–89.

郑真真. 2015. 从家庭和妇女的视角看生育和计划生育[J]. 中国人口科学，(2)：16–25，126.

朱楚珠，张友干. 1996. 中国咸阳部分农村孩子成本与效益研究[J]. 人口与经济，(5)：13–22.

庄亚儿，姜玉，王志理，等. 2014. 当前我国城乡居民的生育意愿——基于2013年全国生育意愿调查[J]. 人口研究，38(3)：3–13.

庄渝霞. 2020. 母职惩罚理论及其对女性职业地位的解释——理论进展、路径后果及制度安排[J]. 国外社会科学，341(5)：140–149.

后　记

本书是笔者研究团队近年来对生育支持政策研究的阶段性成果。著作出版并不意味着研究结束，而是意味着研究即将开启新的征程。

我国已经进入低生育率社会，生育支持政策的研究才刚刚开始。我国的生育支持政策尚处于探索阶段，政策效果仍需要一段时间才可以显现，需要学者、政策制定者和实践者多方共同努力，构建新时期生育支持政策体系为更多的育龄人群提供生育支持和服务。

当前，生育的主体逐渐从“80”后过渡到“90”后。为什么现在的年轻人不生孩子了？而来自年轻人的答案是：工作“内卷”，加班“996”，只想“躺平”；婚都没结，等着国家发一个“男/女朋友”；感觉自己还是个“宝宝”，更不要提生孩子了……年轻人的婚姻观念与生育观念发生了巨大变化，更倾向于晚婚晚育，婚姻成为一种选择。已婚已育的年轻人更希望“高质量”养娃，教育、医疗、住房方面的花费使得养育成本不断攀升。受养育成本较高、托育服务不到位等因素的影响，若无相应的配套措施，人们很难将生育意愿转化为生育行为。因此，面对生育主体的变化，生育支持政策将如何更好地发挥作用，这将是随生育主体不断迭代而需要不断探讨的问题。

本书中的实地调研获得了国家卫生健康委人口监测与家庭发展司、吉林省卫生健康委人口家庭处的大力支持，定量数据收集得到国家社会科学基金项目（17BRK025）的经费支持。文献资料收集得到吉林大学校级课题（JLUXKJC2021QZ02）的经费支持。还要特别感谢，首都经济贸易大学劳动经济学院冯喜良教授、王明会书记、冯博书记提供优良的学术研究环境，感谢童玉芬教授对笔者学术发展的大力帮助，感谢顾宝昌教授在科研道路上将笔者带入这个领域，以及对笔者的鞭策和鼓励。书中部分资料整理工作得到首都经济贸易大学硕士研究生李沂霖、博士研究生姬思敏和山东财经大学硕士研究生张晓慧的帮助，在此，一并表示感谢。

笔者长期聚焦生育政策和人口发展战略的研究，深感我们对于该领域的研究跟不上我国人口形势快速的变化，惶恐学术能力不足以完成这项研究议题。由于我国生育支持政策处于不断更新中，囿于时间精力不足，书中现有政策更新停留在本书出版之前。在该领域的研究道路上，我们将持续关注变化，迎接挑战。

著　者

2022年12月